SIMPLICIDAD INHERENTE

Fundamentos de la Teoría de Restricciones

Título original:
Simplicidad Inherente: Fundamentos de la Teoría de
Restricciones ©2004

Primera edición en español © 2004
ISBN: 1-59754-017-X

Segunda edición revisada en español © 2014
ISBN-10: 1981979786
ISBN-13: 978-1981979783

Autor: Matías Birrell Rodríguez

"... ya no puedes refugiarte en culpar a los demás,
o a las circunstancias,
o decir que las cosas están fuera de tu control,
o incluso más allá de tus capacidades."
Eliyahu Goldratt (La Decisión, 2009).

"Incluso sin el apremio del tiempo,
mantener una línea coherente de pensamiento
requiere disciplina."
Daniel Kahneman (Pensar, rápido y despacio,
2012).

SIMPLICIDAD INHERENTE

Fundamentos de la Teoría de Restricciones

Matías Birrell Rodríguez

Prólogo

Simplicidad Inherente.

La simplicidad en nuestra vida se da solamente cuando finalmente logramos entender aquellas pocas reglas importantes que determinan cómo funcionan las cosas. Esas reglas existen y se dan en la naturaleza, se hayan allí presentes esperando a que decidamos buscar. Es inherente, pertenece a la naturaleza de las cosas que sean simples. La complejidad se deriva solo de nuestra incapacidad de comprensión, nuestra ignorancia, o nuestra dificultad para explicar y comunicar lo que pensamos.

En el estudio y la práctica de la Teoría de Restricciones de Eli Goldratt, muchos hemos llegado a ella a través de encontrarnos con sus libros. El más publicado, leído, fotocopiado, regalado, prestado, recomendado: La Meta. Es así como el Dr. Goldratt nos introduce a un nuevo reto. Vamos a utilizar nuestra capacidad de pensar y resolver los problemas más complejos, nuestra capacidad de pensamiento científico y pongámoslo en práctica de forma sistemática para resolver los problemas que se nos presentan en la realidad, hasta los que parecen irresolubles o los más sencillos, los del día a día. Ambos nos agobian a veces en la misma magnitud. El Dr. Goldratt nos ha regalado junto con todos sus colegas, colaboradores, amigos y alumnos una metodología y una filosofía de cómo ver las cosas desde el principio del sentido común. "Los problemas, mientras más complejos, más simple debe ser su solución (E. Goldratt)".

Es así como en los últimos 25 años la Teoría se ha desarrollado en un cuerpo de conocimiento amplio que nos permite abordar hasta los sistemas más complejos y encontrar soluciones de ruptura, de cambios que produzcan mejoras. Los sistemas que más nos interesan son los nuestros, los que nos contienen. Las organizaciones humanas, de personas. Matías asumió el reto personal y tomó la iniciativa de llenar un espacio vacío, un faltante. Un medio que nos permita resumir y presentar de forma sencilla, práctica y útil, el cuerpo de conocimiento, el estado del arte en el que se encuentra la Teoría de Restricciones; para que podamos las personas conocer, intercambiar y evaluar para qué nos puede servir. La motivación fundamental es mostrar cómo el sentido común, que poco se practica, tiene en la Teoría de Restricciones una metodología que nos ayuda a pensar sistemáticamente y logrando sacarle provecho haciéndolo que se vuelva común. Adicionalmente, Matías llena otro espacio completo. El libro es en castellano y cubre no sólo las aplicaciones y discusión de las áreas industriales y empresariales de interés, sino que ofrece los ejemplos de cómo algunos de las herramientas únicas de Teoría de Restricciones, los procesos de pensamiento de Goldratt, están siendo aplicados y cómo pueden y están revolucionando la educación.

Sócrates y el pensamiento socrático están basados en que no sabemos nada en realidad, que lo que sabemos más bien lo suponemos. Por lo tanto la validez de nuestras conclusiones y de nuestras afirmaciones y aseveraciones tiene una vida limitada. SÍ... puede ser una vida de cientos de años, pero es solo cuestión de tiempo, hasta que alguien la hace obsoleta.

Sócrates nos enseña que partimos de la humildad en nuestro conocimiento limitado en la búsqueda del entendimiento, del conocimiento. *Descartes* nos enseñó que debemos cuestionar y dudar para poder desarrollar una base sólida de entendimiento. *Popper* en sus numerosos análisis nos enseña que la fortaleza del pensamiento científico y sus beneficios radican en la capacidad de retar y falsificar nuestras suposiciones.

Eli Goldratt y su Teoría de Restricciones nos ponen al alcance fundamentos, metodologías y herramientas que nos permiten, siempre partiendo desde nuestra intuición y limitación de entendimiento, llegar a comprender el problema que queremos resolver y encontrar una solución práctica para resolverlo. **Nos ha enseñado nuevamente a pensar.**

Es así como este regalo de Matías nos da la oportunidad de ofrecer el alcance, la amplitud y mostrar el potencial que tienen todos los conocimientos, las invenciones que componen hoy en día a la Teoría de Restricciones. Para mí es un honor poder compartir unas breves líneas y discurrir brevemente sobre el valor que representa tener disponible en este momento un medio que describa y explique estas poderosas herramientas.

Agradezco a Matías la confianza de regalarme la oportunidad para escribir y compartir estas primeras palabras como prólogo a su libro y espero que partiendo de la humildad de que siempre hay algo que ignoramos, algo que nos puede ser de tremendo valor, encontremos en este libro claves que nos permitan abrir los ojos para despertar y asumir la responsabilidad que tenemos de mejorar el mundo en que vivimos.

Javier I. Arévalo Jiménez
Goldratt Consulting América Latina
Caracas, Septiembre 2004

Prefacio a la segunda edición

Después de diez años, y con toda la experiencia acumulada en este tiempo, he decidido publicar esta edición revisada de ese primer libro que tenía como objetivo mostrar la simplicidad de las enseñanzas del Dr. Eliyahu Goldratt.

Le agregué dos capítulos para cualquier lector interesado en cómo implementar las aplicaciones básicas de producción y distribución de la Teoría de Restricciones (TOC) en una empresa. Además agregué un capítulo que ilustra cómo utilizar los procesos de pensamiento para construir procesos de negocio robustos.

Incluí también un capítulo que es una promoción y una promesa de un libro que todavía no puedo decidir cómo escribir. Este capítulo servirá para transmitir mi particular visión de cómo la disciplina de administración de organizaciones debería desarrollarse en el futuro. Mi opinión es que hoy tenemos una gran confusión y mezcla de enfoques, solo por la falta de claridad acerca de las leyes que gobiernan a las organizaciones.

La publicación de "La Decisión"[1] dejó muy clara la visión del mismo Eli acerca de los fundamentos de TOC. En la primera edición yo decía que eran dos: la simplicidad y que todo conflicto podía ser eliminado. Eli agregó a esos otros dos: no culpar a la gente y no decir nunca ya sé. En diez años he seguido profundizando en estos principios y es asombroso ver cómo ahora parece obvio lo que era pura confusión hace menos de cuarenta años respecto de la administración.

Con estas palabras termino este prefacio y espero que les sea útil el contenido de este librito acerca de TOC.

Matías Birrell Rodríguez
2 de Agosto de 2014

---

[1] "La Decisión", E.M. Goldratt, 2009.

Contenido

Simplicidad recuperada y sentido común

¿Qué significa la palabra complejidad?

Cuando examinamos cualquier realidad a nuestro alrededor tendemos a pensar que el mundo es muy complejo. Pensemos en un ejemplo cotidiano: un automóvil. Difícilmente conozco a alguien capaz de describir un automóvil con todo detalle, incluyendo hasta el último tornillo y la función de cada parte. Definitivamente estamos frente a una realidad compleja de describir. Probablemente todos podemos poner ejemplos similares.

Sin embargo sí conozco mucha gente capacitada para conducir un automóvil. De hecho es algo muy simple de hacer, aunque no fácil en absoluto. Es simple porque basta con accionar un volante, una palanca y máximo tres pedales. Y basta ver las estadísticas de accidentes para comprobar que no es fácil.

Si esta es la condición en el mundo físico, esta aparente paradoja complejo/simple, ¿qué ocurre con las organizaciones donde los elementos son seres humanos y sus funciones se describen por sus interacciones? Pensar en un grupo de cinco personas y todas sus interacciones posibles ya se nos presenta más complejo de lo que quisiéramos.

Sin embargo no estoy interesado en organizaciones informales sin propósito. Me abocaré a analizar organizaciones creadas con un propósito. A estas las llamaré sistemas. Y dentro de los sistemas podemos distinguir los educativos, los de salud, los deportivos, y muchos otros, cada uno con su meta específica. Unos tienen como meta generar educación, otros generan salud o recreación.

Dando una definición más formal, un sistema es un conjunto de elementos interdependientes que tiene un propósito claro al que llamaremos meta del sistema.

De ninguna manera pretendo dar "la" definición oficial, aunque espero estar de acuerdo con Forrester, Deming, Goldratt,

Senge, y tantos otros que han visto la necesidad de heredar un enfoque sistémico al pensamiento occidental.

Un tipo de sistema particular son las empresas, cuya meta está definida por sus dueños desde el momento que decidieron invertir su dinero y/o tiempo en la organización. Las unidades de la meta de estas organizaciones es dinero. Y se ajusta a la definición de sistema porque la organización requiere de la acción coordinada de cada uno para producir dinero.

Entonces, volviendo al tema inicial, mientras más elementos e interacciones contenga una empresa es más compleja de describir. Pero fíjese en lo siguiente, mientras más complejo sea el sistema, menos libertad tienen los elementos para moverse sin afectar a otros. Entonces, esto significa que si uno sabe qué elementos modificar y qué reglas sigue la forma en que se afecta el resto, entonces puede afectar al resto de una manera predecible, es decir, puede controlar el sistema.

Paradójicamente, mientras más compleja la descripción del sistema, más simple es de controlar.

¿Por qué entonces tenemos esta percepción de complejidad, incluso en la forma de administrar o controlar empresas? Tal vez estamos ignorando las relaciones de interacción entre sus partes.

Mayor eficiencia es mejor... ¿de verdad?

Una de las máximas más aceptadas en la administración tiene que ver con la necesidad de dividir el sistema en subsistemas. En toda empresa de cierto tamaño (de pequeña hacia arriba) vemos separadas las áreas en ventas y producción por lo menos, y en marketing, distribución, finanzas, y otras áreas. Esta división hace posible que el sistema pueda ser administrado por partes, porque es imposible hacerlo desde una sola área global.

Y si el sistema se divide en subsistemas y cada subsistema está bajo la administración de un subgerente distinto, y cada subgerente quiere hacer un buen trabajo, entonces es muy fácil llegar a la conclusión de que cada subsistema tratará de buscar su propio óptimo.

Esto nos lleva a preguntarnos si acaso el óptimo de cada subsistema producirá necesariamente el óptimo global del sistema.

Antes de dar una respuesta apresurada a esta pregunta, entendamos bien que en realidad estamos preguntando si conviene o no que cada subgerente busque alcanzar el óptimo en su área.

Intuitivamente sabemos que la respuesta a la última pregunta es sí. Sin embargo, para entender en qué sentido lo es, debemos definir qué es óptimo.

Si la meta de la empresa es generar dinero, entonces si genero más dinero estoy optimizando.

Es una creencia muy extendida identificar mayor eficiencia con acercarse al óptimo. Y mayor eficiencia, a su vez, tiene el significado de producir más con menos gasto de recursos. Lo que nos lleva a pensar rápidamente en que un recurso ocioso es un gran desperdicio.

Resumiendo los últimos párrafos, muchos gerentes actuales buscan acercarse al óptimo tratando de minimizar los recursos ociosos. Y bajo este paradigma se enmarcan muchas "racionalizaciones" o "reducciones de costos".

Antes de proseguir, reflexione un momento sobre la lógica que tiene lo siguiente. Primero se ha impulsado una mejora en un área, para lo que se requiere la colaboración de las personas de esa área, y ahora se puede producir más con menos personas. Y para convertir la mejora en dinero, reduce personal que ahora "sobra". ¿Qué nivel de colaboración va a tener el próximo programa de mejoramiento productivo? Y la conclusión no es que no convenía mejorar, ¿no es cierto?... Aunque sí hay una persona que lo piensa con razón: la persona despedida. Más adelante se verá con otra luz cuál es la alternativa para convertir la mejora en dinero (no olvidemos que esa es la meta de la empresa y así se mide cualquier optimización).

Partamos de la base de que conviene optimizar el uso de los recursos en el sentido dado hasta ahora, que un recurso ocioso es un gran desperdicio. Esto significa que intentaremos lograr que todos nuestros recursos estén produciendo el 100% del tiempo.

Antes de intentar correr, empecemos por caminar. Veamos qué se necesita para que uno solo de nuestros recursos produzca el 100% del tiempo.

La siguiente demostración es aplicable a todo tipo de empresas: bancos (captación y colocación), manufactureras, hospitales, y cualquier otro tipo que se le ocurra.[2]

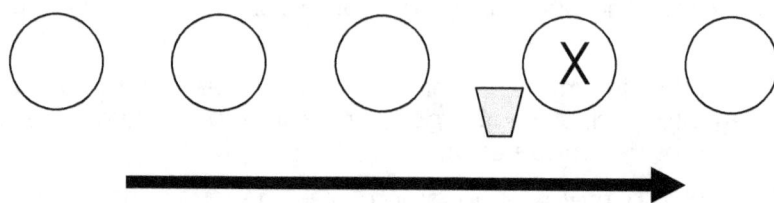

Las características que describen cualquier empresa son las siguientes:

- Existen diversos recursos que interactúan para producir el resultado final.

- Siempre puede identificarse un inicio y un final del proceso.

- Existe la incertidumbre en la realidad.

Si quisiéramos mantener un recurso cualquiera de la empresa, digamos el X, produciendo el 100% del tiempo (o lo más cercano a ello), entonces se requiere que los anteriores recursos lo alimenten continuamente.

Tomando en cuenta la incertidumbre como parte de la realidad, sabemos que existen interrupciones imprevistas cada cierto tiempo, y en tal caso, X dejaría de recibir trabajo para mantenerse produciendo. Para que X siga produciendo, necesariamente debe existir un inventario de reserva frente a él, de modo de alimentar su capacidad de producción durante el tiempo que los anteriores están detenidos.

Cuando los anteriores vuelvan a producir, el inventario frente a X habrá decrecido, por lo que necesitamos reponerlo para que X no se detenga la próxima vez que alguno de sus predecesores se detenga inesperadamente. Así, para lograr que X siga produciendo al 100% y, al mismo tiempo, pueda reponerse el inventario frente a él, necesariamente los recursos anteriores a X deben tener todos más capacidad productiva que X.

¿Cuánta más? Para responder usaremos un poco de matemáticas y haremos un supuesto de ejemplo. Supongamos algo

---

[2] Esta demostración es original del Dr. Eliyahu Goldratt y ha aparecido en diversas publicaciones. Se reproduce una versión libre en este texto por su simplicidad y elegancia.

muy conservador; que en promedio, los recursos anteriores a X están operativos el 95% y que son los tres de la figura. Entonces, la probabilidad de que los tres estén operativos al mismo tiempo es 95% * 95% * 95% = 85% o, lo que es lo mismo, el 15% del tiempo estará detenida la línea detrás de X.

Entonces, para que X se mantenga produciendo y pueda reponerse el inventario, bajo estas condiciones tan favorables, la capacidad de los recursos anteriores a X debe ser un 15% superior, como mínimo. Esto nos habla de una capacidad superior en cantidades nada despreciables.

Recuerde que estamos tratando de lograr reducir el desperdicio al mínimo posible y ya tenemos a nuestro recurso X produciendo a su máxima capacidad.

El siguiente paso será decirle al resto de los recursos que produzcan a su máxima capacidad, de modo de reducir los tiempos ociosos. Como ya habrá advertido, nuestro cálculo de capacidades no puede ser muy exacto y probablemente los recursos anteriores a X tienen más capacidad que la estrictamente necesaria, por lo que si producen sin detención mientras pueden, están superando a X y todo lo que se produzca en exceso va a engrosar el inventario frente a X.

Si el inventario frente a X empieza a crecer sin control, estamos introduciendo en el sistema más material cada vez (note que se forma una cola y siempre este inventario impacta directamente en el tiempo de entrega) con lo que se deteriora el servicio y aumenta el costo de inventario. Es decir, el sistema está perdiendo dinero y se está alejando de su óptimo. Para controlar este desperdicio debemos decirles a los recursos anteriores a X que se detengan cada cierto tiempo.

Recordemos que queríamos acercarnos al óptimo y para eso intentaríamos reducir los tiempos ociosos. Y hemos llegado a la conclusión de que para controlar el desperdicio y acercarnos al óptimo requerimos de una cantidad no despreciable de capacidad ociosa, y que esos recursos no produzcan parte del tiempo. Esto es una necesidad.

El control de una empresa es simple, pero no fácil

O sea que un recurso ocioso no siempre es un desperdicio...

Esto puede sorprender y contarse como anécdota. Pero no olvidemos que sobre esa creencia se fundaba la búsqueda de la máxima eficiencia en cada parte y cada área.

Entonces si la búsqueda del óptimo no se traduce en lograr la máxima eficiencia de cada parte, entonces ¿cómo se logra?

Ahora ya estará conectando el hecho de que nuestros controles basados en muchos indicadores de eficiencia en cada departamento de la empresa pueden estar provocando el efecto contrario del que queríamos. Y nuestra intuición estaba en la dirección correcta al tener sospechas de que los incentivos a todos los miembros de la empresa mediante bonos por eficiencias y productividad no eran del todo acertados.

¿Se ha fijado que la naturaleza humana es comportarse de acuerdo con la forma en que se mide el desempeño? Si esto es verdad, también lo es que si creo que debo minimizar el tiempo ocioso, basta con que base la medición del desempeño en productividad y eficiencia y, casi por arte de magia, las personas actuarán de modo de minimizar los tiempos ociosos.

El problema se produce cuando no existe suficiente trabajo para todo el mundo todo el tiempo (y usted ya sabe la razón: sucesos dependientes y fluctuaciones estadísticas). Y entonces algunos alargan el trabajo (la Ley de Parkinson) o consiguen trabajo para "adelantar" o mienten. Una cosa es cierta, la actual *ética de trabajo* dice que es malo mostrarse disponible de inmediato porque eso es sinónimo de haber estado ocioso hasta el minuto antes.

En cualquier empresa moderna el servicio es lo principal. Mientras más rápida sea la respuesta de la empresa, mejor es el servicio al cliente. Por lo tanto, qué será mejor ¿encontrar a las personas disponibles u ocupadas? Por supuesto que disponibles. Entonces, no debe ser un problema que gran parte de nuestros empleados estén ociosos parte de su tiempo, listos para producir en lo que le importa a la organización como un todo.

Unos párrafos más arriba mencioné la posibilidad de "adelantar" trabajo. Recordemos que alguien que puede adelantar trabajo tiene más capacidad que el recurso X de la empresa. Y mientras X no procese ese trabajo adelantado, la empresa no ha generado más dinero.

Examinando esto con más detención, vemos que en la última frase está la clave para optimizar la generación de dinero de la empresa: lo que procese X se convierte en dinero. Otra forma de llamar a X es con los términos "cuello de botella" o restricción.

Entonces, si uno conoce la restricción de la empresa y puede controlarla, ya tiene el control de la empresa completa. Por construcción, la restricción (o recurso X) es uno sólo, igual que la resistencia de una cadena la determina uno de sus eslabones; el más débil.

Entonces, al darse cuenta de que la empresa, como cualquier sistema complejo, tiene una[3] restricción y esta es la que determina su capacidad de generar dinero, entonces es simple controlar la empresa, porque se reduce a controlar un recurso entre decenas o cientos. No basta con eso, el resto de los recursos debe permitir que la restricción produzca tanto como nosotros queramos.

El Dr. Goldratt sintetizó este proceso en cinco pasos, a los que llamó el Proceso de Mejora Continua. Esos pasos son los siguientes:

- IDENTIFICAR la restricción.

- Decidir como EXPLOTAR la restricción.

- SUBORDINAR todo lo demás a la decisión anterior.

- ELEVAR la restricción.

- Volver al paso uno, sin permitir que la INERCIA provoque una restricción sistémica.

Todo esto es puro sentido común... ¡Hasta cuándo tanta trivialidad!, dirá algún lector. Pero el hecho es que hay muchas empresas que se administran bajo la creencia que hemos mostrado ser falsa en estos párrafos. Es sentido común, y desgraciadamente no es muy común.

En el caso genérico, mientras la empresa siga administrándose bajo la creencia de que un recurso ocioso es un desperdicio, lo que verdaderamente restringe el desempeño no es alguno de los recursos de la empresa, sino más bien mantener esa creencia.

Así que el control de una empresa es simple. Y puede mejorarse el desempeño en órdenes de magnitud tomándose en serio el cambio que significa reorientar todos los indicadores de

---

[3] En las miles empresas analizadas a la fecha, siempre la restricción principal es la *atención gerencial*, y el crecimiento lleva a manejar dos restricciones subordinadas: la interna de la empresa y la externa del mercado.

desempeño para que reflejen lo contrario al supuesto prevaleciente. Y esto significa un cambio en la cultura organizacional.

Esto nos pone ante otro hecho no menos cierto. Las personas forman hábitos por repetición de actos. Y por esa razón y varias otras estudiadas por años, sabemos que cambiar la cultura organizacional no es fácil.

Este cambio definitivamente no es fácil, pero tampoco imposible. Y es tan deseable que es un objetivo que vale la pena plantearse.

La conclusión de este capítulo es que todas las organizaciones son susceptibles de un análisis de causas y efectos donde se revela qué factor es la restricción. Es decir, las organizaciones son **inherentemente simples.** Paradójicamente, son más simples mientras más complejas sean en su estructura.

Y este es el primer principio sobre el que se basa toda la Teoría de Restricciones:

No existen los sistemas complejos en la realidad.

Si un sistema se ve complejo es porque uno no ha pensado lo suficiente para identificar donde estriba su simplicidad.

Pero si todo esto es cierto, usted estará pensando que mi opinión acerca de los gerentes no es muy buena.

De hecho es todo lo contrario. A pesar del bombardeo constante del mundo académico con modelos de administración complejos y de reafirmar en todos los ámbitos, una y otra vez, la creencia falsa de que un recurso ocioso es un desperdicio, los gerentes han logrado hacer producir a las empresas, generando riqueza. Muchas veces se han destacado personas que intuitivamente hicieron lo contrario a las prácticas comunes y tuvieron mayores éxitos.

En esa realidad, un gerente que escucha que las "mejores prácticas", que los modelos académicos, que la inercia de la cultura organizacional, lo impulsa en contra de su intuición, tiene mucho coraje para tomar riesgos y seguir su intuición para hacer lo que tiene sentido. Por supuesto que es verdaderamente complejo vivir en un mundo así.

Y le pregunto al lector, ¿no sería mejor tener un entorno que favorezca el sentido común para generar mayor bienestar para todos, más rápido?

No lo olvide: es simple pero no fácil.

Principio de No-Contradicción

"Las contradicciones destruyen la realidad

que las contienen" (Ayn Rand).

Un problema siempre es una contradicción

Empezaré este capítulo con ciertas ideas que son universalmente aceptadas. Todo individuo quiere mejorar cada día (según sus propios estándares, por supuesto).

Para mejorar, debe cambiar cosas, a veces pequeñas y otras no tanto, en jerga moderna, se "reinventan". Es decir, "toda mejora es un cambio, pero no todo cambio es una mejora" (E. Goldratt).

Lo que no es tan trivial es que todo cambio requiere contestar a tres preguntas, y esto es uno de los aportes de Teoría de Restricciones al sistematizar el proceso de mejora:

- ¿Qué cambiar?

- ¿Hacia qué cambiar?

- ¿Cómo producir el cambio?

Estas tres preguntas se pueden reformular como ¿cuál es el problema?, ¿cuál es la solución?, ¿cómo se implementa?

Es evidente que muchas veces no se requiere de un proceso formal para ir mejorando, pero convengamos que cualquier mejora ha pasado por esas tres etapas, aunque haya sido inconsciente al sujeto mismo.

Entonces requerimos definir el problema primero. Estamos habituados a definir problemas en formulaciones largas y por aproximaciones sucesivas. ¿Es la única manera de hacerlo?

Aprendí del Dr. Goldratt que todo problema encierra una contradicción entre dos posibles acciones, estados o propuestas. Y la mejor manera de formular un problema es identificando qué cosas están en contradicción.

A veces, los problemas pertenecen al entorno, como por ejemplo, cuando un gerente de logística ve que debe decidir los niveles de inventario. Por un lado quiere tener poco y por otro lado quiere tener mucho. Claramente, el gerente de ventas lo induce a tener "suficiente" y lograr un mejor servicio, lo que está en contradicción con lo que le gustaría al de finanzas, que no quiere detener tanto dinero en la bodega, y le combate los requerimientos del otro lado.

Otras veces, los problemas son internos de una persona, donde no sabe qué decisión tomar respecto de algo. Un ejemplo puede ser la decisión de quedarse en un trabajo o cambiarse.

Y muchas otras veces, los problemas son conflictos entre personas. Usted puede dar muchos ejemplos de esto.

Lo que tienen en común todos los tipos de problemas es que se pueden representar como contradicciones entre dos posiciones contrapuestas. A esto podemos llamarlo conflicto en forma genérica, y se entenderá de ahora en adelante que con esa palabra no me refiero exclusivamente a un conflicto entre personas, sino a cualquier contradicción que identifiquemos.

Cinco maneras de enfrentar los conflictos

En su libro "Los Siete Hábitos De La Gente Altamente Efectiva", Stephen Covey nos habla de GANAR/PERDER, PERDER/GANAR, PERDER/PERDER, GANAR, GANAR/GANAR. Y estas posibilidades están todas representadas por cinco actitudes genéricas que representan a muchas personas cuando hablamos de conflictos:

- Ignorar el conflicto.

- Imponer la propia posición o una de ellas.

- Ceder y rendir la propia posición.

- Enemistarse.

- Buscar un compromiso entre ambas posiciones.

Si uno lo piensa, estas son las típicas actitudes ante un conflicto. Definitivamente, un compromiso o posición intermedia, donde cada uno cede un poco es la que más se acerca a GANAR/GANAR. Como dice el mismo Covey, un compromiso es una expresión inferior de GANAR/GANAR.

La percepción de la mayoría de la gente es que manejar conflictos es complejo. Y lo es si es que no se busca qué causa la situación actual.

Una hipótesis de causa es que quienes así piensan están centrando su atención en la contradicción. Es fácil hacer este análisis cuando a uno le han dado la respuesta desde varios frentes. Stephen Covey entrega muy buenas ideas y procedimientos para que nuestros principios dicten nuestra actitud y que ésta sea hacia soluciones donde todos ganen. A nivel académico, en la Universidad de Harvard, hace años se enseña un método de negociación que centra la atención en los intereses más que en las posiciones. Y en mi caso aprendí del Dr. Goldratt a pensar en términos similares, al no aceptar las contradicciones y buscar satisfacer plenamente las necesidades de cada parte.

La digresión anterior revela una vez más que no pretendo la autoría u originalidad de las ideas vertidas en este librito. Reiterado esto, con libertad continuaré entonces con el análisis de la situación para buscar cómo se simplifica el manejo de conflictos.

Veamos si podemos deducir de la causa hipotética toda la situación actual y cómo permitir la existencia de la contradicción daña la realidad del entorno.

Si se fija la atención en la contradicción, y algunas personas no saben cómo enfrentar conflictos, entonces esas personas prefieren ignorar el conflicto. Obviamente no existe solución que satisfaga a nadie en ese caso.

Si se fija la atención en la contradicción y una de las partes es muy dominante, entonces una parte cede y la otra impone su posición. El que cede no puede quedar satisfecho con esta "solución".

Si se fija la atención en la contradicción y ambos quieren llegar a acuerdo, entonces cada uno cede un poco y se busca un compromiso amigable.

En cada compromiso amigable se deja insatisfecha en mayor o menor medida a cada parte, lo que significa que la solución nuevamente produce insatisfacción en ambas partes.

Algunas situaciones no admiten compromisos amigables y se busca uno, entonces es probable que, o bien se opte por ignorar el conflicto, o bien termine en enemistad. Ambas cosas conducen a insatisfacción de ambas partes.

Como vemos, en todos los casos el conflicto subsiste y

siempre alguien queda insatisfecho, lo que daña la relación presente y futura.

No olvidemos que todo partió porque hay una tendencia a fijar la atención en la contradicción, como si no fuera posible eliminarla. De esta manera, por lo menos a mí me lo parece, queda validada la hipótesis planteada, al demostrar que todos los efectos tienen a esta causa como su raíz.

Nuevamente vemos que la realidad es simple pero muy difícil de abordar. Pero ahora que ya sabemos la causa, podemos buscar una solución. Y se hace bastante evidente que la solución al manejo efectivo de conflictos comienza por fijar la atención en otro objeto que no sea la contradicción misma.

Un método para destruir las contradicciones antes que ellas a nosotros

La dificultad que tiene esta "brillante" idea es que hasta ahora las únicas entidades frente a nuestros ojos son las que están en contradicción. Y ciertamente ayuda, pero no mucho, cambiar el tema. ¿Cómo hacer eso sin ignorar el conflicto?

Veamos la solución del método de negociación de Harvard. Ellos hablan de buscar los intereses de cada parte. Dicho de otro modo, las personas (normalmente) no insisten en sus posiciones porque son obstinados; siempre hay una buena razón para ello. Siempre que alguien insiste en una posición determinada es porque busca satisfacer una necesidad... Un momento, ¿no será esto lo que estábamos buscando para desviar nuestra atención?

Avanzando un poco por este camino no demoramos mucho en percatarnos que una posición puede estar satisfaciendo varias necesidades. Tal vez sea bueno definir necesidad para que la explicación posterior se entienda a cabalidad. Una necesidad o *condición necesaria* es algo sin lo cual ponemos en peligro un objetivo o necesidad superior. Es condición necesaria que usted sepa castellano para leer este libro. Puede ser que ese objetivo no sea del todo deseable, pero eso no obsta para que saber castellano y saber leer sean dos condiciones necesarias para lograrlo.

Si una posición puede satisfacer varias condiciones necesarias al mismo tiempo y queremos fijar nuestra atención en las necesidades en vez de la contradicción, entonces ahora vamos a tener que manejar más variables que antes. ¡Me cambiaron dos posiciones en contradicción por más de dos necesidades! Y recordando que mientras más variables de control más complejo es el sistema, entonces parece que estoy complicando las cosas en vez de simplificarlas.

Será mejor que salga de este lío rápidamente, y lo haré recordando la definición de necesidad. Basta con elegir una de las necesidades porque en realidad lo que decimos es que al insistir en cierta posición estamos impidiendo la satisfacción de una de las necesidades que satisface la posición contraria. Y basta con una necesidad insatisfecha y el objetivo se pone en peligro.

Entonces volvemos a estar cómodos porque el enfoque sigue simple. Lo siguiente de lo que nos percatamos es que ambas necesidades (las de ambas posiciones) deben ser necesarias para un objetivo en común. Para convencernos de que esto debe ser así, supongamos que no existe un objetivo en común. Entonces desde el punto de vista de cada uno, la otra parte puede adoptar su posición sin siquiera considerar la propia sin poner en peligro ninguna necesidad superior de ella, porque ha dejado insatisfecha (o ignorada) una condición que no era necesaria para ella. En ese caso, ninguno se molesta siquiera en plantear la contradicción de las posiciones. Un ejemplo siempre es más claro: Si Juan quiere tomar un tren hacia el sur y Pedro quiere viajar en un avión hacia el norte, y ni Juan ni Pedro quieren reunirse en el lugar de destino, entonces la contradicción de acciones no configura conflicto porque no existe objetivo en común.

Las necesidades no pueden estar en contradicción por el mismo motivo. Si una de ellas falla, el objetivo no se alcanza, por lo que una contradicción entre condiciones necesarias sólo puede conducir a ningún objetivo en común.

Entonces lo que tenemos es que cualquier conflicto puede configurarse con un objetivo en común, dos necesidades y dos posiciones en contradicción. Lo notable de este enfoque es que ambas partes están de acuerdo, incluso antes de resolver el conflicto, en que ambas quieren proteger la necesidad del otro para preservar el objetivo en común. "No es más uno contra el otro a causa del conflicto, sino que ahora son los dos contra el conflicto". (E. Goldratt).

Le ahorraré un desarrollo largo de las consecuencias sicológicas que tiene este hallazgo, y me limitaré a enumerar algunos de los beneficios que tiene: logra una empatía efectiva, racionaliza las posiciones controlando el escalamiento emocional del conflicto (se contienen la ira, el ego y otras emociones que impiden ser objetivos frente a los problemas), ahorra mucho tiempo de discusión, fomenta la creatividad, entre otras cosas.

Lo que he descrito en los dos últimos párrafos es una de las herramientas desarrolladas al alero de la Teoría de Restricciones, para definir un problema previamente a la búsqueda de soluciones. Esta herramienta se llama Evaporación de Nube en Conflicto o simplemente Nube de Conflicto y será explicada en detalle en capítulos posteriores.

Ahora que ya sabemos que lo que importa proteger son las necesidades y el objetivo, y que las posiciones en contradicción no están escritas en roca y pueden ser cambiadas sin disminuir en nada la satisfacción de cada parte, entonces sabemos que siempre existe la forma de eliminar la contradicción o, como decía el Dr. Goldratt, "evaporar la nube de conflicto".

Este es el segundo postulado de Teoría de Restricciones:

No existen los conflictos en la realidad.

Si encontramos un conflicto, ya sabemos (o creemos) que siempre existe una solución de GANAR-GANAR. Y si no, hay que seguir pensando hasta encontrarla.

Los métodos sistemáticos para pensar que ha desarrollado el Dr. Goldratt son herramientas efectivas, que si bien no son las únicas, es mi opinión que son las más poderosas que conozco. Existen otras, como las "espinas de pescado", la matriz de contradicción de TRIZ, el método de Harvard, por nombrar algunas. Todas tienen su mérito, sin embargo los Procesos de Pensamiento Efectivo de Goldratt son mis preferidas. Y a ellas dedicaré el siguiente capítulo.

Los Procesos de Pensamiento Efectivo de Goldratt (PPEG)

Aceptando los postulados se puede avanzar.

Le recordaré cuáles son los dos postulados básicos de Teoría de Restricciones:

- No existen los sistemas complejos en la realidad.

- No existen los conflictos en la realidad.

En los primeros capítulos intenté demostrar que estos enunciados tienen sentido, sin embargo no pueden demostrarse: o se aceptan o no se aceptan.

Si no se aceptan, todo lo que contiene este capítulo pierde su base y las herramientas expuestas serán bonitos ejercicios intelectuales, sin la efectividad que les quiero atribuir. Es más, puede ser que piense que exagero con esto: es mi opinión que los PPEG son herramientas efectivas siempre, no eventualmente.

Lo que sí puedo afirmar sin lugar a reservas es que si se aceptan los dos postulados, uno siempre podrá construir la lógica de causalidad entre todos los elementos de un sistema y siempre podrá configurar un conflicto en términos que permitan la destrucción de la contradicción.

Una advertencia previa a exponer las herramientas. No pretendo dar aquí un entrenamiento completo de los PPEG, incluyendo las categorías de legítima reserva y explicaciones detalladas de cada entidad. En un capítulo posterior se exponen ejemplos más detallados de cómo utilizar estas herramientas.

Las herramientas, como se enseñan en un programa de entrenamiento formal, son cinco:

- Evaporación de Nubes.

- Árbol de Realidad Presente.

- Árbol de Realidad Futura y Rama de Reservas Negativas.

- Árbol de Pre-Requisitos.

- Árbol de Transición.

Como habrán notado, a mí me gusta simplificar las cosas así que las reduje a tres básicas. Y no es casualidad que esta sea la misma división que se adoptó en TOC for Education[4] para enseñarles a los niños a pensar mejor.

Los organizadores gráficos unen los hemisferios cerebrales

- "El único camino en que el **tálamo cerebral** que es el centro nervioso que actúa como el controlador de tráfico **permitirá que la nueva** información **sea almacenada** en el cerebro es a través de las **rutas de enlaces** sinapsis neuronales que ya **están establecidas**. El aprendizaje ocurre cuando una persona **conecta** nuevas asociaciones con viejas experiencias." (Miller & Miller 1998) *The Instructors and Their Job.*[5]

- "Las interconexiones de utilizar habilidades motoras con la coordinación ojo-mano fue verificada como la base del aprendizaje cerebral por los investigadores." (Banikowski 1999) *Strategies to Enhance Memory based on brain based research.*

Es poco lo que queda por agregar después de citar a estos investigadores. Simplemente quiero conectar la fuerza de los organizadores gráficos con los PPEG. Las herramientas que se presentan a continuación son diagramas con texto y flechas, organizando la información en forma gráfica.

Tal vez sea lo expuesto en este epígrafe lo que explica lo que experimentamos rápidamente al empezar a usar estas herramientas: esa claridad de pensamiento y facilidad para ver el conjunto y el detalle al mismo tiempo.

---

[4] TOC for Education: Theory of Constraints for Education, es una fundación sin fines de lucro, fundada el año 1995 por el Dr. Goldratt, a través de la cual donó el conocimiento de Teoría de Restricciones a los sistemas educativos del mundo.

[5] Referencias tomadas textualmente de la presentación del Prof. Sears Taylor, "The Mother Of All Graphic Organizers to Improve Students' Problem-Solving Strategies' Multi-Curricular", presentada en la TOCFE Virtual Conference 2004, 18-21 September.

Por otro lado, al no estar habituados a usar organizadores gráficos y ser tan dependientes de los hábitos, se nos hace cuesta arriba empezar a usarlos. La primera vez parecen cosas pueriles y pérdida de tiempo.

Si es que cree un poco en lo que ha leído, le aconsejo intentar usar las herramientas hoy mismo. Le ocurrirán dos cosas sorprendentes: verá lo difícil que es construir un diagrama tan simple como una nube, y empezará a tener mayor claridad lógica del porqué de las cosas; empezará a pensar más.

Dos formas de pensar causalidades: causa necesaria y causa suficiente

Lo primero que debemos tener claro es que los PPEG son herramientas para pensar en términos de causa y efecto. Y las causas pueden ser de dos tipos: necesarias y suficientes.

Mi profesor de Cálculo II nos enseñó hace años la diferencia entre una y otra con un ejemplo, que sólo puede ofender a una bruja (lo cual es un riesgo que tomaré en un arresto de temeridad esotérica), y suponiendo que una bruja se acerca más al personaje de los hermanos Grimm que a Elizabeth Montgomery o Nicole Kidman.

Decía mi profesor que ser fea es una condición necesaria para ser bruja, pero no suficiente. Y al contrario, ser bruja es condición suficiente para ser fea.

Creo que mi querido profesor me ahorró (y le ahorró a usted, estimado lector) varias líneas abstractas de lógica aristotélica y platónica. Sabiendo entonces lo que es una causa necesaria y lo que es una causa suficiente, pasemos a las herramientas.

Evaporación de Nubes de Conflicto

Empezaré con la historia del nombre de esta herramienta. En el libro *Ilusiones* de Richard Bach, el personaje principal se concentraba en las nubes del cielo y las evaporaba con el pensamiento. Al Dr. Goldratt le gustó esta metáfora y en honor a Richard Bach nombró esta herramienta con la que empezó a evaporar conflictos con el pensamiento.

36

Siguiendo con las anécdotas, en algunos jardines infantiles tienen pintadas nubes en el suelo para que los niños ocupen los lugares correspondientes y puedan resolver sus conflictos con esta herramienta. ¡Son niños menores de cinco años que no saben escribir!

Ahora ya iniciando la explicación formal me remitiré al segundo capítulo, donde explico prolijamente como se eliminan las contradicciones. Lo que no presenté allí fue el diagrama.

Configurando el diagrama lógico llamado nube de conflicto

Recordando, cualquier conflicto puede configurarse con cinco elementos o entidades:

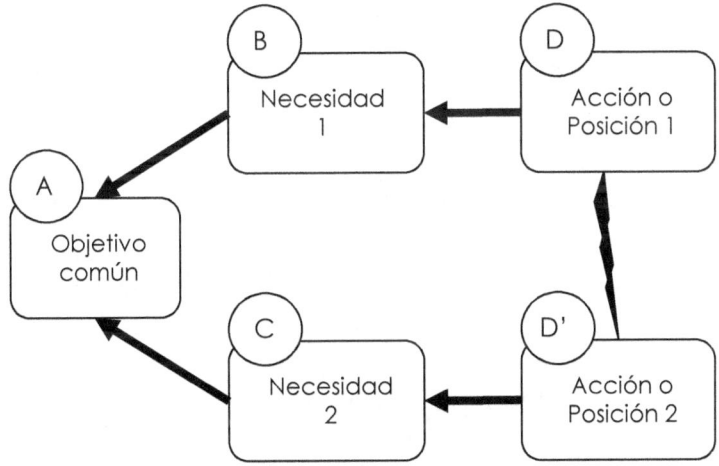

- Un objetivo común.

- Dos necesidades.

- Dos posiciones contrapuestas.

El diagrama, llamado nube de conflicto, sigue esta misma estructura:

Se lee de izquierda a derecha de esta manera:

Para tener [Objetivo común] es necesario [necesidad 1] para lo que es bueno [acción 1]

Y por otro lado;

Para tener [Objetivo común] es necesario [necesidad 2] para lo que es bueno [acción 2]

Este es un diagrama de causa necesaria, donde las flechas indican que la entidad en el extremo inicial es causa necesaria de la entidad en el extremo final.

Las flechas de B a A y de C a A, son de causalidad fuerte y las de D a B y de D' a C son de causalidad débil.

Siempre es mejor un ejemplo que ilustre el concepto. Usaremos el conflicto genérico de los gerentes, que ya fue esbozado en el primer capítulo:

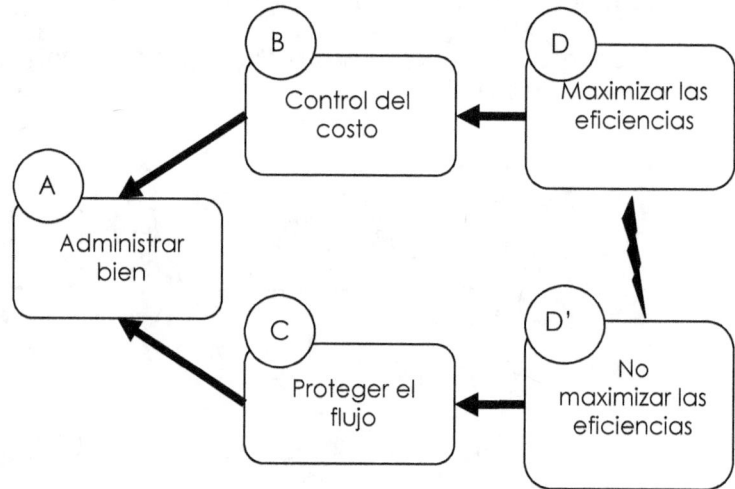

Por un lado, para administrar bien es necesario controlar el costo, para lo que se considera necesario maximizar las eficiencias.

Por otro lado, para administrar bien, es necesario proteger el flujo para lo sabemos que no se deben maximizar las eficiencias.

Esta es una nube clásica en Teoría de Restricciones y se encontrará en muchos textos. Define el problema inicial de cualquier empresa donde todavía se considera verdadero que la máxima productividad se alcanza cuando todos los recursos están ocupados al máximo.

La nube define el problema y se puede examinar su lógica con algunas comprobaciones básicas:

- Si la relación AB es sólida: ¿es realmente necesaria la entidad B para tener el objetivo A?

38

- Si la relación AC es sólida.

- Si D y D' están en contradicción. No siempre el enunciado es tan claro como en este caso, donde una es la negación de la otra.

- Si insistir en D daña la necesidad en C, y D' daña la necesidad B.

Las dos primeras comprobaciones verifican dos cosas al mismo tiempo: que B y C sean necesidades genuinas y que sean necesidades para alcanzar el objetivo.

Es fácil confundirse al construir una nube y se eligen acciones o posiciones para llenar B y C. Por ejemplo, alguien podría haber pensado que para administrar bien hay que ser más eficiente. Ser eficiente no es una necesidad de un sistema. Sí lo es controlar y reducir el desperdicio. Ser eficiente es una de las alternativas para satisfacer la necesidad de controlar el costo. ¿Ve la diferencia? Satisfacer una necesidad directamente no está bajo nuestro control; requerimos una acción para lograrlo. Así que si tiene dudas de si su entidad B o C es una necesidad genuina, vea si está bajo su control realizarla directamente. Reducir el desperdicio es algo que quiero pero no puedo lograr sin una acción, como fijar indicadores de productividad, por ejemplo.

En este caso está muy claro que las comprobaciones se verifican y revelan lógica en la nube presentada:

- Relación AB: Si no se controla el costo, es fácil quebrar, por lo que es absolutamente necesario controlarlo para administrar bien.

- Relación AC: Si no se protege el flujo (producción y servicio al cliente) es imposible conseguir los ingresos necesarios para seguir operando, por lo que es absolutamente necesario hacerlo para administrar bien.

- Verificando la contradicción: La contradicción entre D y D' en este caso es evidente.

- Verificación cruzada DC y D'B: Si insistimos en maximizar eficiencias, como vimos en el primer capítulo, se acumula inventario en proceso, lo que alarga el tiempo de entrega y daña el flujo de la operación. Si insistimos en no maximizar las eficiencias (bajo la creencia prevaleciente) el costo unitario de producción en cada recurso crece, por lo que no se está controlando el costo.

Una vez que está clara la lógica de la nube, está definido el problema y sólo entonces puede empezarse la búsqueda de la solución que satisfaga completamente ambas necesidades.

Revelando supuestos

Hasta ahora se han escrito entidades que muchas veces se verbalizan de distintas maneras, a modo de argumentación de las distintas posiciones. Rara vez se deja en claro qué piden uno y otro como necesidades irrenunciables, aunque finalmente, en algunos casos, sí quedan explícitas las necesidades. Como ya se dijo, en el mejor de los casos la "negociación" lleva a ceder algo a cada parte para alcanzar un compromiso intermedio.

En el caso de esta nube, el compromiso tiene un nombre que muchos deben conocer (o por lo menos lo han sufrido): el *síndrome de fin de mes*. Imaginemos al gerente de una empresa y empieza el mes. Todo es planificación y se promete a sí mismo que este mes sí cumplirá con las metas de costos. Y consolida fletes, y ahorra preparaciones de máquinas con lotes más grandes. Las primeras quejas de clientes por los atrasos son manejables y está contento porque tiene todo bajo control; el costo y el servicio. Pero a medida que se acerca el fin de mes, los gritos de los clientes han subido a niveles intolerables y ya nadie se preocupa del costo de transportar en un camión semivacío... ¡Hay que despachar a tal cliente ya mismo! ¿Se da cuenta cómo el gerente vibra en la flecha del conflicto? Y la optimización que hace no tiene parangón con ningún supercomputador, al considerar todas las variables ambientales entre las presiones internas por reducir costos y el tono de los clientes en el teléfono.

Y este gerente seguirá mes a mes vibrando en ese conflicto crónico mientras piense que es necesario minimizar los costos unitarios para controlar el costo total, o lo que es lo mismo, piense en maximizar eficiencias de cada recurso.

Pero ¿por qué alguien piensa que maximizar eficiencias es necesario para controlar el costo? Veamos esto en el diagrama:

Se deben sacar los supuestos a la superficie. No es fácil esto y muchas veces quedan no verbalizados por alguna de estas razones: no se quieren revelar por vergüenza (si es un capricho), no se dicen por considerarlos trivialidades (¡está implícito!), no se verbaliza porque es inconsciente (nunca nadie se cuestionó siquiera el por qué, pero así ha sido siempre).

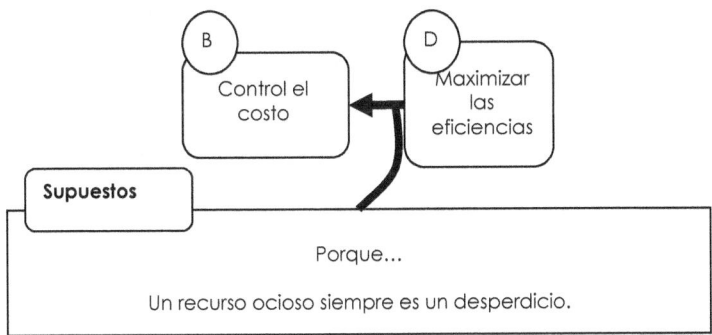

En este caso vemos que el supuesto que da base para la relación de necesidad entre D y B es algo que hemos aceptado por años porque nunca nadie matizó lo que quería decir. Cuando uno escucha al presidente del Banco Central decir que las empresas son ahora más eficientes y eso ha reducido los costos de producción, no se cuestiona si se refiere a una consideración macro o quiso decir que es mejor cuando *mi* máquina SK-400 es más eficiente que cuando no lo es. Lo mismo ocurre con los cursos universitarios de microeconomía, al tratar los costos medios de producción. ¿Y en realidad es un supuesto verdadero o falso? Como diría un economista, depende. Pero en este caso contestaré muy concretamente.

En el capítulo uno ya demostré porqué es imposible tener a todos los recursos produciendo todo el tiempo en una empresa con estructura de sistema (o sea, todas las que conozco). Las plantas balanceadas no existen si es que los recursos son dependientes unos de otros y existe la incertidumbre. ¿No es cierto que esas dos condiciones se cumplen en todas las empresas que usted conoce? Entonces está claro que a nivel de mi máquina SK-400 es mejor maximizar su productividad todo el tiempo sólo si es la restricción del sistema. Si no lo es, es mejor decirle que su eficiencia consistirá en entregar rápido los productos para que la restricción pueda producir todo el tiempo, pero que no produzca si no es necesario, siendo en ese caso un beneficio el que esté disponible, esperando ser bien utilizada.

¿Y qué pasa entonces con el costo unitario cuando permito

que la mayoría de los recursos detengan su producción parte del tiempo? Es seguro que el costo unitario va a crecer. Pero le hago otra pregunta, ¿cuánto creció el costo real para producir? No contrató más gente (obviamente, si ahora ve gente ociosa cada cierto tiempo), no compró más materia prima (si ahora no se libera más material del necesario para la restricción), no necesitó créditos para financiar el material extra (se ahorró unos gastos financieros)... Entonces, no sólo no creció el costo real sino que ¡el costo disminuyó!

Ya sabe que las contradicciones no existen en la realidad. Si el costo unitario creció y el costo real disminuyó, entonces ¡el costo unitario no mide el costo real! ¿Se lo repito? El costo unitario es una construcción matemática que distorsiona la información al interior de la empresa. Esto es válido para cualquier sistema de costeo que asigne costos de producción (salarios, energía, etc.) a los productos. Y en realidad esos sistemas se construyeron nada más que para medir el costo real. Entonces, si no sirven para eso, no sirven para nada. Lo mejor que puede hacer es dejar de calcular costos unitarios.

¿Y cómo medimos el costo real del sistema entonces? De una manera mucho más simple. Se llama contabilidad del throughput[6]. Baste decir que existe la alternativa a los sistemas de contabilidad de costos y es más simple y poderosa.

La digresión acerca del costo nos indica que en realidad el supuesto que sostenía la necesidad de maximizar eficiencias para controlar el costo era falso.

En forma general, la manera de evaporar una nube es examinando los supuestos de cada parte. Si alguno de los supuestos es falso o puede invaldarse, la flecha de necesidad se rompe y la nube queda evaporada, protegiendo la plena satisfacción del objetivo y las dos necesidades.

¿Qué pasa si los supuestos en todas las flechas son muy sólidos? Normalmente la solidez de los supuestos depende también de las circunstancias. En ese caso la creatividad se pone en marcha para imaginar nuevas circunstancias que invaliden alguno de los supuestos.

Las aplicaciones de la nube de conflicto son varias y

---

[6] En un anexo al final de este libro encontrará un ejemplo de cómo la toma de decisiones se distorsiona al utilizar la contabilidad de costos como criterio. La palabra throughput se adaptó al castellano como trúput.

desarrollaré las principales:

Resolución de conflictos personales

Este es el estereotipo de conflicto. Es importante señalar que no es suficiente el análisis lógico de la nube para resolver el conflicto. Los seres humanos requieren confianza antes de abrirse a razonar. Como dice Covey, hay que tener saldo positivo en la cuenta emocional. Ambas cosas son necesarias; cualquiera de ellas que falle y se pone en peligro la efectiva solución del conflicto a plena satisfacción de ambas partes.

Este no es un libro que trate de cómo construir confianza. Así que supondré que esa condición necesaria ya existe. Entonces, la manera de resolver un conflicto, cuando ha fallado la conversación sencilla y franca, y ambas partes están estancadas en sus propias posiciones, es que uno de ellos se detenga a examinar el porqué de la posición del otro. Este es un ejercicio de empatía. Una forma sistémica de hacerlo es construir esa parte de la nube. Luego, construye la propia. Y termina por identificar el objetivo que ambos quieren proteger o alcanzar.

Una vez construida la nube, en una conversación tranquila se presenta la parte del otro primero, mostrando que uno comprende su posición. Algunas veces uno no comprendía realmente lo que pasaba y el otro le corrige la necesidad que buscaba satisfacer. De ese modo la nube se va configurando más claramente. Después se muestra el lado propio y es seguro que el otro comprenderá que uno quiera satisfacer su necesidad.

En este punto, ambas partes tienen ya profunda empatía y la mayoría de las veces la solución es intuitiva y muy rápida. Si no es así, se prosigue revelando supuestos de cada parte. Pero a estas alturas ninguno de los dos piensa que el otro es obstinado y ambos están abiertos a encontrar una solución GANAR/GANAR.

Es utilizable en conflictos internos propios, o para aconsejar a otro en un conflicto interno, o para resolver conflictos de uno o más personas donde uno está involucrado, o para mediar entre dos o más personas. Realmente funciona.

Resolución de problemas

Muchas veces uno se encuentra entre la espada y la pared. Eso es lo que tipifica un problema. El ejemplo de las eficiencias presentado más arriba es un ejemplo de problema, que no representa conflicto entre personas. Algunos ejemplos de problemas típicos:

- Maximizar eficiencias / no maximizar eficiencias.

- Tener alto inventario / tener bajo inventario.

- Presentar el producto / no presentarlo en la primera entrevista de venta.

- Criticar una idea / no criticarla.

- Estimar un plazo largo / estimar un plazo corto.

- Dar descuentos / No dar descuentos.

Supongo que reconoce algunos de estos. Y en el día a día encontrará más similares. El enfoque típico para buscar soluciones para este tipo de problemas es ver los pros y los contras de cada alternativa. Se hace un balance y se decide qué hacer. Algunas personas son capaces de resolver situaciones de estas rápidamente. Sin embargo, la mayoría de nosotros no somos tan rápidos y muchas veces nos contentamos con un compromiso intermedio.

Cualquier problema puede definirse como la contradicción entre dos posibilidades y se puede configurar una nube de conflicto. Al analizar en forma sistemática el conflicto ocurren dos cosas: se entiende la situación con una claridad nueva y las ideas que surgen para invalidar los supuestos son muy creativas.

Un caso particular de análisis de problemas es cuando se hace el análisis de una situación completa, listando todos los hechos observados y que nos molestan de esa situación. En ese caso se puede construir una nube para cada uno de los hechos y con todas las nubes construidas, se puede derivar una nube genérica. Esa nube se llama la nube medular o genérica de la situación. La solución que evapore esa nube será la solución que resuelva el resto de los problemas. Más adelante veremos el árbol de realidad presente y podrá conectarse fácilmente ese proceso con este, siendo ambos alternativos y complementarios para lograr lo mismo.

Alineación entre responsabilidad y autoridad

Este es un caso particular de problema que es recurrente en muchas empresas. ¿Sabe lo que es un incendio en una empresa? No me refiero al que se inicia con un fósforo o cerillo; es cuando un subordinado requiere una respuesta urgente de su jefe para tomar una decisión. Lo habitual es que el subordinado intente agotar todos sus recursos antes de acudir al jefe, por lo que la interrupción siempre es urgente y por eso se llama incendio. Y sólo irá donde su jefe si es que el tema cae bajo su responsabilidad. Si no, que otro la cargue; él no necesita el mal rato.

Cuando un gerente se dedica a apagar incendios gran parte de su tiempo es síntoma de una de estas dos cosas, o las dos: el subordinado no tiene toda la información para tomar la decisión; o bien, sabe qué debe hacer pero no tiene las atribuciones para hacerlo. Y siempre es algo de responsabilidad del subordinado. Nadie escuchará explicaciones; simplemente se le exigirá que estén hechas las cosas. Lo que importa es el resultado.

Una cosa es cierta, si uno está en esa situación muchas veces a la semana, es algo que se aprende a odiar porque hace del trabajo una fuente de ansiedades y frustraciones. El subordinado es responsable de cosas que escapan a su control, y el jefe no entiende porqué todo el mundo depende tanto de él.

El tema de la información tiene que ver con las instrucciones recibidas y/o la formación previa. Es este otro tema aparte y supondremos que el subordinado sabe qué hacer pero no puede por falta de atribuciones.

Es decir, gran parte de los incendios tienen como causa una desalineación entre responsabilidad y autoridad.

¿Podremos usar la nube de conflicto para diseñar un proceso para eliminar estas desalineaciones? Sin duda que algo así libera mucho tiempo y, más importante, mejora el ambiente laboral.

El proceso se sigue caso a caso y comienza por resolver el problema urgente en el minuto (primero están los clientes). Luego, normalmente el jefe (aunque puede haber subordinados proactivos que lo hagan por su cuenta) se construye la siguiente nube, en el orden de los números:

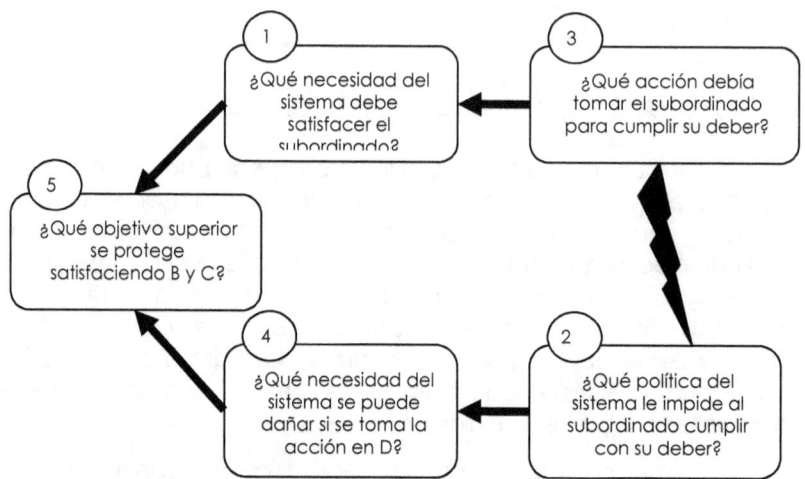

Al responder las preguntas en los recuadros se construirá la nube que hace posible ese incendio crónico. Lo normal es que el subordinado sepa muy bien cuál es la regla que le hace la vida difícil y tiene ideas para modificarla lo suficiente para no dañar la necesidad C y poder satisfacer B[7].

Después de hacer esto unas cuatro o cinco veces, los incendios desaparecen y los gerentes sienten que tienen subordinados más autónomos y motivados.

El árbol de causa suficiente

¿Le ha pasado que ve algo muy claro y trata de explicarlo y no le entienden? ¿O alguien quiere explicarle algo y usted no lo ve tan claro?

Algunas situaciones son muy sencillas de explicar y otras, la mayoría, tienen muchas aristas. ¿Recuerda el primer postulado? Si no hay sistemas complejos, todas esas aristas son distintos aspectos que están todos interrelacionados. Y si eso es así, siempre se pueden encontrar muy pocas causas para los hechos observados.

Una herramienta muy útil para describir en forma simple situaciones complejas es el árbol de causa suficiente.

---

[7] Las letras siguen la nomenclatura usada hasta ahora.

Este es un diagrama lógico que indica que las causas enunciadas son suficientes para que, inevitablemente, los efectos ocurran en la realidad.

Nuevamente vamos a tener entidades y flechas. En este caso, las flechas indican que la entidad en su inicio es la causa de la entidad en el extremo final. Todas las entidades a las que llegan flechas son efectos, y de las que salen flechas son causas.

A diferencia de las causas necesarias, es posible que deban concurrir varias causas para dar suficiencia a un efecto. Un ejemplo de este tipo de árboles es el siguiente:

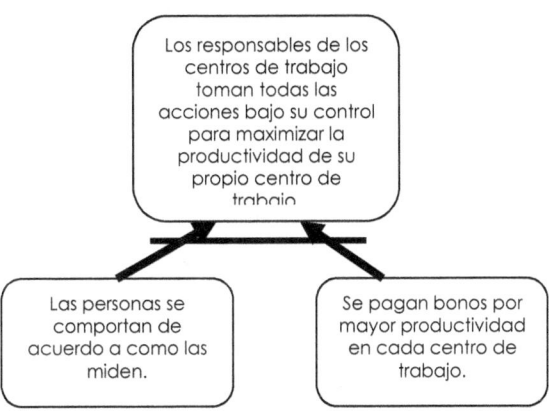

La forma de leer esta rama[8] es:

> **SI** *Las personas se comportan de acuerdo a como las miden* **Y** *Se pagan bonos por mayor productividad en cada centro de trabajo* **ENTONCES** *Los responsables de los centros de trabajo toman todas las acciones bajo su control para maximizar la productividad de su propio centro de trabajo.*

Al construir un diagrama como el del ejemplo y mostrárselo a otro, habitualmente lo encuentra muy obvio. Y eso demuestra que está bien construido, porque no se discute la lógica que se muestra.

Por otro lado, quedan patentes los hechos y supuestos

---

[8] El término rama sigue la nomenclatura de los árboles. En TOCFE se utiliza el término RAMA para denominar esta herramienta.

utilizados en la argumentación.

Y lo tercero que se observa es que también queda patente que si se invalida alguno de los supuestos que dan suficiencia al efecto, entonces desaparece el efecto.

Las aplicaciones del árbol de suficiencia son tres genéricas:

- Árbol de Realidad Actual: es un diagrama que describe una situación a través de los hechos observados en la realidad y a partir de los supuestos aceptados como verdaderos. Las entidades en este árbol son aceptadas como hechos y no debe incluir conjeturas. El objetivo de este árbol es investigar las causas de todos los hechos observados. Se puede aplicar para investigar causas de problemas, para encontrar el problema raíz de cierta situación, lo que conduce al mismo resultado que armar las nubes para cada hecho y encontrar la nube medular. O podría aplicarse al relacionar competencias de una empresa para encontrar la llamada "core competence" o competencia central de esa organización.

- Árbol de Realidad Futura y Rama Negativa: el ARF es un diagrama que describe la situación futura que se puede prever a partir de cierta idea nueva. Normalmente se utiliza para mostrar, en forma lógica, cómo uno ve que cierta idea o acción producirá efectos positivos, validando esa idea como solución y mejora a la situación actual. Asimismo, toda idea nueva puede tener efectos laterales negativos, para lo que es muy importante construir la Rama Negativa, de modo de investigar cómo introducir elementos en la solución que poden estas ramas, dejando los efectos positivos y previniendo o mitigando los negativos. Se utiliza esta herramienta también para que estudiantes prevean los efectos de sus acciones y tomen la responsabilidad de ellas. Es una expresión práctica del principio de responsabilidad, donde uno es dueño de elegir sus acciones, pero no es libre para elegir las consecuencias de sus acciones. Evidentemente se es más libre mientras más y mejor conocimiento se tenga de las consecuencias de las propias elecciones. Se utiliza también para hacer crítica constructiva, donde se muestra primero que uno entiende qué efectos positivos tendrá la idea de alguien que nos sugiere una. Normalmente esa persona está un poco ciega a ver cosas negativas, pero al verse entendido, se abre para escuchar qué cosas mejorar de su idea para evitar los efectos negativos. Esto está muy alineado con el hábito de Covey, primero buscar entender y luego ser entendido.

- Árbol de Transición: este diagrama describe un plan de acciones con todos los fundamentos para cada una de ellas. Es útil cuando el plan contiene muchas acciones, varias líneas paralelas y se está haciendo algo nuevo, donde hay poca experiencia. La estructura básica es:

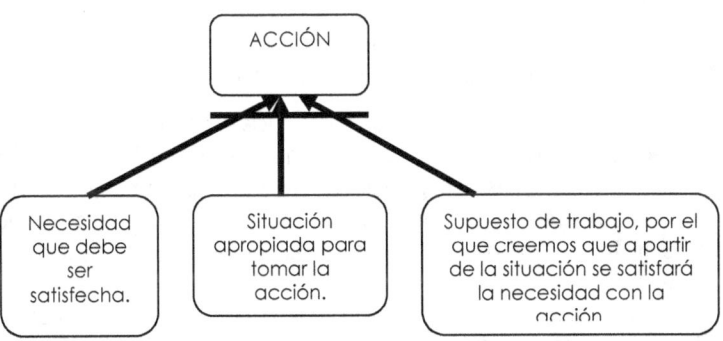

El plan de acción que se plasma en una carta Gantt o en un diagrama Pert se compone de las acciones solamente, y este árbol sirve de apoyo cuando algunas de las acciones no tiene el efecto esperado. En ese caso, ya se sabe que la necesidad debe ser satisfecha, normalmente es evidente a simple vista si la situación apropiada existe o no, por lo que será cambiando el supuesto de trabajo la mejor manera de pensar en una acción alternativa y seguir avanzando.

Nótese que esta estructura también sirve para diseñar instrucciones claras y, cada vez más, lo importante será indicar la necesidad y la situación actual (apropiada), y los subordinados tendrán más autonomía para diseñar sus propias acciones. Esto es dar autonomía de verdad, para una verdadera administración por resultados.

El árbol de pre-requisitos

A veces uno ve claramente que quiere lograr algo pero no sabe dónde comenzar. Otras veces hay que lograr la colaboración de más personas para conseguir el objetivo, pero aunque vea con bastante claridad cómo hacerlo, siempre existe resistencia en el grupo y falta de coordinación.

Nuevamente el sentido común nos ayudará a construir un procedimiento que facilite estas tareas.

Lo primero de todo es considerar que si queremos alcanzar un objetivo es porque la situación actual es distinta (y peor) que la situación que deseamos para el futuro. Y si deseamos alcanzar esa situación futura y no la tenemos todavía es porque no podemos hacerlo sin tomar algunas acciones.

¿Qué nos separa en la situación actual de la futura? Obstáculos. Ni más ni menos que obstáculos.

Si lográramos superar todos los obstáculos que nos separan de nuestro objetivo... ¡Alcanzaríamos el objetivo! Entonces, lo que debemos hacer es imaginar en qué condición quedaremos cada vez que superemos un obstáculo. Cada una de esas condiciones es un objetivo intermedio que nos acerca al objetivo. También podemos pensar en esos objetivos intermedios como pre-requisitos o condiciones necesarias para alcanzar nuestro objetivo. Por eso, esta es una **herramienta de causa necesaria.** Se establece algo similar a una escalera de condiciones necesarias que conduce al objetivo; son los pre-requisitos de nuestro objetivo.

Cuando ya tenemos visualizados los pre-requisitos, debemos ordenarlos por precedencia; cuáles son indispensables para alcanzar otro y cuáles van en paralelo. Una vez ordenados ya tenemos un mapa de las cosas que debemos lograr antes de alcanzar el objetivo. Y es un mapa al que no le falta nada ni le sobra nada.

El procedimiento genérico para construir un árbol de pre-requisitos es:

50

1. Fijar un objetivo.
2. Enumerar los obstáculos.
3. Enunciar los objetivos intermedios.
4. Ordenar los objetivos intermedios.

Los objetivos intermedios no son acciones; son necesidades que deben ser satisfechas. Se verán mejor estos conceptos a través de un ejemplo. Y usaré como ejemplo este mismo libro. Cuando me propuse escribirlo empecé con un árbol de pre-requisitos como el que muestro aquí abajo:

OBJETIVO: Difundir TOC a través de un libro en Latinoamérica (especialmente Chile).

	Obstáculos	Objetivos Intermedios
1	No está editado	Está editado
2	No se conoce el libro sobre TOC.	Se conoce el libro como de TOC.
3	No hay interés por TOC	Hay interés por TOC
4	No se conoce TOC	Se conoce TOC
5	No se ve valor en TOC	Se percibe valor alto en TOC
6	No están comprando el libro.	El libro se está vendiendo.
7	El libro no está escrito.	El libro está escrito.

Luego hay que ordenar los objetivos intermedios. Y el árbol de pre-requisitos se presenta a continuación.

Nótese que el autor ya previó que es una condición necesaria previa a vender este libro el que TOC sea conocida y sea percibida de alto valor, de otro modo no tendría sentido siquiera empezar a escribir, por lo menos no si el objetivo es el indicado en este árbol.

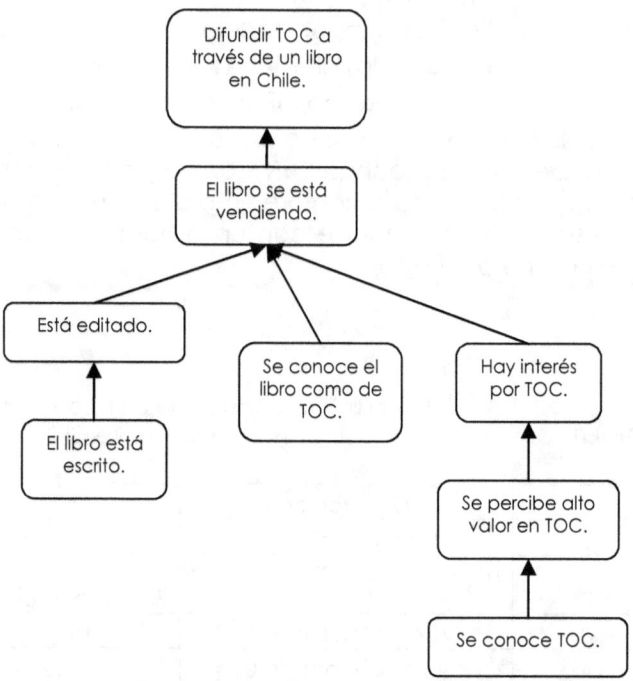

Estas son condiciones necesarias que deben satisfacerse en este orden. La manera de leer este árbol puede ser así, empezando desde arriba:

Para Difundir TOC a través de un libro en Chile *es necesario que* Esté editado.

Las acciones que se tomen para ello son parte del plan de acción. Las acciones pueden cambiar, pero los objetivos intermedios rara vez cambian.

Por ejemplo, para que se conozca TOC podría emprender una o varias de las siguientes acciones:

- Invitar al Dr. Goldratt a Chile y organizar un seminario bien publicitado[9].

- Realizar el cambio propuesto en este libro en algunas

---

[9] N.A.: El 23 de marzo de 2006 el Dr. Goldratt dio un seminario de un día en el hotel Ritz Carlton de Santiago donde hubo más de cien asistentes.

52

empresas y publicitar el éxito[10].

- Escribir muchas columnas en distintos medios con artículos sobre TOC.

Otro ejemplo es que para satisfacer que exista un libro escrito sobre TOC para Chile, las acciones posibles son:

- Promover uno de los libros ya escritos y traducidos al castellano.

- Escribir uno propio.

- Encargar a alguien que escriba uno.

¿Es puro sentido común? Sí. ¿Son trivialidades? Después de mi experiencia de varios años puedo asegurar que es todo menos trivial.

Trabajo en equipo

Cuando se está trabajando en grupo lo que se busca es que todos aporten el máximo de sus capacidades para lograr el objetivo propuesto.

Gracias a nuestra cultura prevaleciente, donde se premia ser positivo por sobre todo, las personas tienden a callarse algunas reservas cuando se está planeando el trabajo. He escuchado en otras ocasiones frases como "si no eres parte de la solución, eres parte del problema", con lo que se inhibe a las personas a manifestar sus dudas respecto de ciertos planes.

Hay algunos principios básicos para asegurar un efectivo trabajo en equipo:

- Lograr pleno acuerdo de que el objetivo es altamente deseable.
- Nadie debe sentirse apartado o desoído.
- Debe existir confianza en que el plan propuesto es realista.

---

[10] A la fecha de publicación de la segunda edición ya son varias las empresas, en Chile y otros países, en que se han implementado estas ideas con mi participación, y siempre con éxito en conseguir los resultados buscados.

- Debe existir asignación del trabajo y las responsabilidades.
- Se debe tener un sistema de monitoreo del proyecto simple y claro.

El árbol de pre-requisitos, como herramienta, cumple cada uno de estos criterios y mostraré la forma práctica de utilizarlo:

1. Fijar el objetivo acordado como punto de referencia, como el ancla de todo el proyecto.

2. A continuación, se recogen los obstáculos que cada uno de los miembros del equipo ve para alcanzar el objetivo.[11]

3. Luego, el autor de cada obstáculo da su idea de objetivo intermedio.

4. Finalmente se ordenan los objetivos intermedios como ya se mostró más arriba.[12]

5. Por último, ya que está construida la estrategia para el proyecto, se van diseñando acciones, estimando tiempos y asignando responsables. No es necesario adelantar todas las acciones desde el principio.

Como se ve, es un procedimiento simple, que toma en cuenta todas las capacidades de todos los miembros, busca prever todos los obstáculos y no se planea nada más de lo necesario.

---

[11] Esto puede hacerse de distintas maneras. Mi preferida es hacerlo a la redonda, por turnos. Cada uno puede decir un obstáculo por vez. Se puede pasar y se termina cuando todos pasan. De este modo, los obstáculos señalados por algunos dan ideas a otros. Nunca debe desestimarse un obstáculo, por pequeño que parezca.

[12] Una forma efectiva de hacer esto es escribir los objetivos intermedios en papeles engomados y se empieza con dos cualesquiera. Entre todos acuerdan si van en paralelo o en un orden. Y se toma el siguiente, insertándolo con el mismo método.

El cuerpo de conocimiento de TOC (TOCBOK)

El TOCBOK[13] se ha desarrollado a lo largo de más de dos décadas y seguirá evolucionando. En mi opinión, los principios serán los mismos siempre, las herramientas que ya están no tendrán muchas adiciones, sin embargo a nivel de aplicaciones hay un crecimiento exponencial.

Baste a los efectos de este texto introductorio el señalar las tres componentes o capas fundamentales del TOCBOK:

- Los principios.

- Los PPEG.

- Las aplicaciones.

Los principios han sido ya presentados: simplicidad inherente y todo conflicto puede ser eliminado. A estos les agrego no culpar a las personas y el conocimiento es ilimitado, como aprendizaje de los últimos años.

Los PPEG fueron tratados con cierto detalle en el capítulo anterior, así que ahora describiré brevemente las soluciones genéricas. Antes de hacerlo, quiero aclarar que soluciones como estas pueden ser encontradas aplicando los PPEG y son válidas mientras los supuestos que las soportan sean válidos.

Las aplicaciones de TOC

Las aplicaciones que se explicarán aquí son soluciones genéricas encontradas para cada área de las empresas son:

- Operaciones: Tambor-Amortiguador-Cuerda (DBR[14])

- Finanzas: Contabilidad del Trúput.

- Administración de Proyectos: Cadena Crítica.

---

[13] TOCBOK: Theory of Constraints Body of Knowledge.

[14] DBR: Drum-Buffer-Rope o Tambor-Amortiguador-Cuerda.

- Distribución: Reposición activada por consumo.

- Marketing: Diseño de ofertas no rechazables.

- Ventas: Superación de las capas de resistencia al cambio.

- Recursos Humanos: Comunicación efectiva basada en los PPEG.

- Estrategia: Diseño de estrategias que satisfagan tres condiciones necesarias básicas.

Operaciones

El problema fundamental en operaciones es que se administra como si una máxima eficiencia en cada centro de trabajo redundara en la máxima eficiencia del proceso global. Ya se ha mostrado en otros capítulos porqué esto no es cierto.

Tomaré la misma analogía que ha usado el Dr. Goldratt por años en La Meta, La Carrera, Cadena Crítica y otras publicaciones, porque es muy simple e ilustrativa.

Imaginemos a un pelotón de soldados que van marchando en fila. Hay que hacer un esfuerzo e imaginar que son soldados. Y que algunos son más rápidos que otros. El camino que han recorrido todos es el producto terminado. El camino no recorrido es materia prima sin procesar y el camino entre el primero y el último es el trabajo en proceso (WIP[15]).

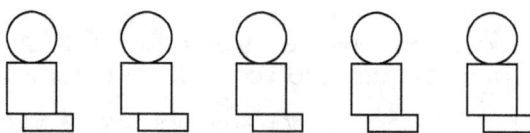

Si dejamos libre al primero, lo más seguro es que no sea el más lento y se escape del resto, junto con algunos otros. Esto haría crecer el WIP sin lograr entregar más producto terminado.

Si aplicáramos solamente el tercer paso del proceso para enfocar, que era SUBORDINAR, en este caso, obtendríamos ni más

---

[15] WIP: Work In Process, o Work In Progress.

ni menos que el JIT[16] popularizado por los japoneses en la segunda mitad del siglo pasado. Y podríamos simularlo amarrando cuerdas entre los soldados.

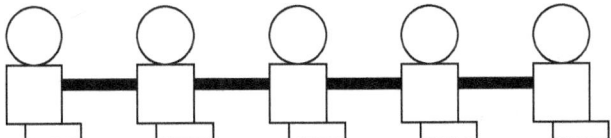

El resultado de esto es que el más lento sujeta a los más rápidos que van delante de él. Pero debemos suponer que las cuerdas son cortas para mantener controlado el WIP. Nótese que la fila completa no se moverá más rápido que el más lento, *subordinando* todo el sistema a la restricción.

El problema que no resuelve JIT es la pérdida de producción con las paradas, porque las cuerdas no permiten que el más lento siga marchando si uno delante suyo se detiene un tiempo más prolongado que lo que absorbe la cuerda.

Si identificamos al más lento, le podríamos pasar un tambor que marque el ritmo para que todos vayan a su velocidad. Y amarramos una cuerda entre el más lento y el primero, eso garantiza que el primero no se escapa. Y para evitar que las paradas inesperadas de los primeros retrasen al más lento, le damos a la cuerda una longitud mayor, que amortigua el efecto de esas paradas.

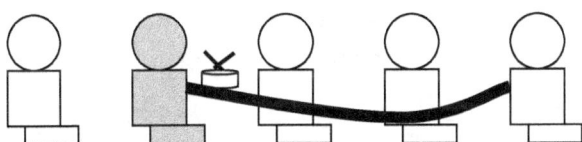

Lo mismo se hace en una operación cualquiera. Se identifica la restricción y este es el recurso que se programa. Y basándose en ese programa se libera la materia prima al primer recurso de la cadena el tiempo antes necesario para que esté en el tambor cuando está programado. El tiempo antes corresponde a la cuerda con amortiguador incluido.

Por supuesto que el procedimiento tiene más detalles pero con esto es suficiente para hacerse una idea.

---

[16] JIT: Just-In-Time, o Justo-A-Tiempo.

Finanzas

Lo que finanzas debe proveer son elementos de juicio para tomar decisiones y juzgarlas de acuerdo con la meta del sistema.

Actualmente, en muchas empresas se tomas decisiones basándose en el concepto de costo unitario. Ya mostré en un capítulo anterior porqué este concepto está completamente errado.

Ahora definiré los tres indicadores que le bastan a una empresa para medirse y juzgar las decisiones que la acercan a su meta.

En primer lugar diré lo obvio: las empresas se crean para generar dinero, no para ahorrarlo. Entonces, lo principal será medir cuánto dinero puede generar la empresa. Lo segundo será medir cuánto dinero requiere tener invertido para poder funcionar y lo tercero cuánto dinero se gasta en generar el dinero.

Las definiciones formales son:

- Trúput: velocidad a la que el sistema genera dinero a través de las ventas.

- Inventario: cuánto dinero se invierte en cosas que pueden convertirse en trúput.

- Gasto operacional: cuánto dinero se gasta en convertir el inventario en trúput.

Es cierto que una empresa genera dinero a través de otros mecanismos que no sean ventas. Sin embargo, esto debiera ser transitorio porque un accionista preferiría contar con el exceso de caja para invertirlo por su cuenta y no que otro se lo administre en un giro distinto del que él esperaba al invertir en esa empresa. Por eso la definición encierra un mensaje del tipo "pastelero a tus pasteles".

El trúput se calcula como las ventas menos todos los gastos que varían uno a uno con cada producto que se venda. Básicamente es la materia prima, las comisiones de ventas y servicios externos unitarios.

Inventario es distinto al concepto habitual, porque de acuerdo a esta definición las máquinas, los edificios, el terreno, las materias primas, son inventario. En el caso de los bienes de capital, la parte depreciada es gasto operacional y el valor residual es inventario.

Gasto operacional es todo lo que no es inventario. Y no debe ser asignado a productos, lo que sólo distorsiona la información.

Con estos tres indicadores pueden tomarse todas las decisiones relevantes para maximizar el flujo que generan los activos de la empresa. Es decir, las decisiones que afectan el valor de la empresa. Y este párrafo está escrito a propósito en términos financieros para enfatizar el hecho de que nada escapa a la simplicidad inherente que existe en toda empresa.

Para el lector interesado se incluye un anexo que explica la conexión de la contabilidad del trúput y la optimización matemática.

Administración de Proyectos

Lo que define a cualquier proyecto, del tipo que sea, es la incertidumbre que encierra. No importa si ya se ha realizado otras veces, cada proyecto es único y tendrá sus particulares sorpresas.

Y si hacemos una encuesta entre los clientes, los gerentes y los mismos ejecutores, de proyectos, escucharemos que las quejas no han cambiado mucho en cincuenta años:

- Hay frecuentes atrasos.

- Los recursos no están disponibles cuando se han prometido.

- Se sacrifica alcance para entregar a tiempo.

- Hay demasiada tensión al acercarse los hitos del proyecto.

- Hay demasiados cambios.

Y al hablar de proyectos podemos referirnos a un viaje espacial, la construcción de un puente, el desarrollo de un software, el lanzamiento de un producto, y muchos otros tipos de proyectos. Y en todos observamos que, con cierto cinismo, las personas hablan de estos problemas como parte del paisaje y que no pueden resolverse todos al mismo tiempo.

Claro que en cincuenta años ha habido avances en técnicas y métodos para mejorar la planificación y control, como la simulación de Montecarlo o el método EVMS[17]. Todos son mecanismos orientados a ayudar a los gerentes de proyectos a mejorar su capacidad de planificación y control, para optimizar los resultados de sus proyectos. Sin embargo, las mejoras no han sido sustanciales.

Al hacer el análisis con TOC, se encontró que lo mismo que era válido en operaciones lo es para proyectos: el modo de operación induce a las personas a buscar el óptimo local de cada parte. Y ya sabemos que eso daña el óptimo del todo. Pero como en un proyecto la mayor parte del trabajo la realizan personas con alto grado de discrecionalidad acerca del tiempo utilizado, el efecto es mayor aún que en operaciones.

Mientras no se ataque la causa de los problemas, se observarán mejoras muy limitadas y temporales. Y los problemas no están en las técnicas de planificación y control (aunque sean perfectibles); la causa fundamental está en el comportamiento humano inducido por los indicadores de gestión.

¿Cuáles indicadores? Los formales y los informales. Deje que le pregunte por su experiencia: cuando le han pedido que estime un plazo de entrega, ¿cuánto estimó? ¿Lo que realmente creía que iba a demorar? ¿No le agregó un poco de tiempo por seguridad? Mi experiencia es que la mayoría de las personas estima agregando bastante seguridad. Y esto se debe a que una vez comprometido un plazo, queda grabado en piedra y se exige como compromiso. Y a nadie le gusta explicar atrasos. Sabiendo esto, los administradores siempre negocian los plazos para acortarlos, lo que induce a inflar más todavía la primera estimación.

Pero si todas las estimaciones contienen seguridad, ¿cómo es que igual los proyectos se atrasan?

Este es el segundo efecto de convertir en compromisos los plazos estimados para una tarea. Imagine que después de negociar (a veces duramente) usted consiguió un plazo de diez días y terminó en siete. ¿Está dispuesto a entregar la tarea en siete días? ¿Qué va a pasar la próxima vez que tenga que negociar plazos por algo similar? ¡De ninguna manera quiere mostrar que el plazo podía ser menor! Es por eso que es muy frecuente que las personas usen el tiempo "sobrante" para afinar un poco la tarea, y

---

[17] EVMS: Earned Value Measuring System, o Sistema de Medición del Valor Ganado.

los adelantos no se aprovechen. Claro que no es imposible que ocurran todas las cosas que puedan atrasarlo más de diez días. En ese caso el atraso sí se acumula.

Es por esto que los atrasos se acumulan y los adelantos no los compensan, así que el proyecto se atrasa, sin importar cuánta seguridad tenía cada tarea.

¿Y cómo podríamos cambiar esta situación? Ya vimos que la causa es que las estimaciones se convierten en compromisos y se tratan como si fueran números exactos. Pero también sabemos que un proyecto es incertidumbre y que los tiempos reales que demoran las tareas no están determinados y varían dependiendo de las circunstancias. La misma tarea puede demorar cinco días en una ocasión y quince días en otra. En términos más técnicos, el problema es utilizar un modelo determinístico para planificar y controlar, un proceso estocástico (o probabilístico).

La solución debe ir en la dirección de tratar las estimaciones como lo que son, de modo que las personas no se gasten la seguridad en llenar el tiempo estimado previamente; seguridad que necesariamente debe existir en la estimación global del proyecto. Es decir, que nadie se sienta castigado por atrasarse más del promedio y que se reporten los términos tempranos.

¿Cuánta seguridad contiene cada estimación? Examinemos nuestra experiencia: si nos piden quince minutos para una reunión, es muy posible que demore media hora, pero es imposible que demore cero. Esto nos dice que si observamos lo que demoran las tareas en la realidad, y calculamos su promedio[18], la mitad de las veces puede terminarse en el promedio y la otra mitad en tiempos que alcanzan a más del doble del promedio. O sea, la seguridad incluida en la estimación original puede incluir el doble del tiempo que el promedio de las veces.

Entonces, si tomamos las estimaciones conservadoras y las dividimos por la mitad tendremos estimaciones con igual probabilidad de éxito que de falla, aproximadamente. Al hacer esto en la carta Gantt, nuestro proyecto se dividió por la mitad, pero con alta probabilidad de atraso.

Por otro lado, todos tenemos el concepto de que no todos los problemas ocurren siempre en todos los proyectos. Lo que causa el atraso de una tarea no atrasa otra, así no siempre se están

---

[18] N.A.: En realidad se debe usar el concepto de mediana, pero el promedio es algo cercano a todos los lectores y es una buena aproximación para esta explicación.

atrasando todas las tareas. Esto se conoce como agregación estadística y se usa, entre otras cosas, para diversificar riesgos en carteras de inversión.

Con el concepto anterior ya sabemos que no necesitamos agregar toda la seguridad que se le quitó al proyecto. Así que se le agrega al final de toda la cadena un solo amortiguador que contenga, digamos, la mitad de lo quitado, y tendremos un proyecto de ¾ del largo del original, y además con una gran probabilidad de éxito.

El concepto de amortiguador no tiene nada que ver con las holguras de un Pert. Lo principal de Cadena Crítica es que induce a las personas a comportarse del modo que beneficia al todo y no a las partes individuales.

Las malas multitareas

Además del comportamiento humano respecto de las estimaciones, está el hecho de que si uno tiene varias tareas abiertas, es grande la tentación de estar avanzando en paralelo. Muchas veces esto está influido externamente por los distintos "clientes" de las tareas abiertas, cuando todos piden que uno le dé prioridad a la suya. Esto produce que uno entre en mala multitarea.

La multitarea es mala cuando uno abandona una tarea sin terminar para ocuparse de una segunda, y abandona la segunda sin terminarla.

Hay buenos ejercicios para entender cómo la mala multitarea desperdicia mucha capacidad. Mi experiencia es que el desperdicio va desde 30% hasta 90%. Es decir, eliminando la mala multitarea se puede incrementar la productividad desde un 50% hasta unas diez veces.

Recomiendo ver un video en YouTube que muestra el poder del enfoque: http://www.youtube.com/watch?v=I9BjiVtITWw.

Conclusión

Un adecuado método para administrar proyectos debe tener un buen modelo de planeación y un buen modo de control de la ejecución, de modo que se eliminen las malas multitareas y se eliminen los comportamientos indeseados.

Este método se llama Cadena Crítica y está desarrollado para ser aplicado como herramienta simple y útil, para planificar y luego controlar todo tipo de proyectos.

Distribución

Excepto las empresas de logística y retail, los gerentes no le han dado la importancia que tiene a la distribución dentro de sus operaciones.

El gran dilema que enfrenta cualquier empresa que distribuye es lograr satisfacer todas sus ventas y al mismo tiempo controlar el costo de inventario. Por experiencia, las ventas pasadas no garantizan un fiel pronóstico hacia el futuro, por lo que el inventario necesario para satisfacer todas las ventas puede ser muy grande. Y es bien sabido que una venta perdida es el mayor costo de un distribuidor. Por lo que un inventario alto no es raro; tan alto que consuma mucho capital detenido y que tenga alta obsolescencia, que se convierte en costo al tener que dar de baja a esos productos. Y la obsolescencia no está limitada a productos perecibles. En la industria electrónica, un aparato con seis meses de antigüedad puede estar ya obsoleto. Y si se toman acciones para liquidarlo a precios mucho menores que el modelo que lo reemplaza, se están abortando las ventas precisamente de ese modelo reemplazante.

Es un problema que puede significar la viabilidad de una empresa. Veamos la nube de conflicto para entender un poco más si hay algún supuesto que se esté haciendo y esté erróneo.

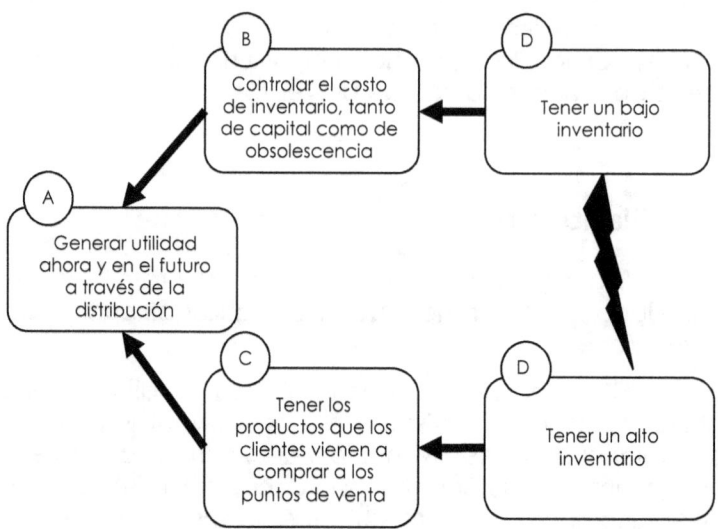

Veamos los supuestos bajo BD:

- Porque un inventario muy alto detiene mucho capital y aumenta mucho el riesgo de obsolescencia.

Veamos los supuestos bajo CD':

- Porque no es posible predecir con exactitud qué tener y cuándo.

- Porque los tiempos de entrega son largos y los clientes no están dispuestos a esperar y la venta se pierde (le compran a otro).

- Porque los proveedores no son confiables en el cumplimiento de sus compromisos.

El supuesto bajo BD es tan sólido como una roca. No parece posible invalidarlo en ninguna circunstancia. Lo único que lo invalidaría es que el inventario en sí mismo fuera gratis, almacenarlo fuera gratis y transportarlo fuera gratis. En ese caso parece que tampoco es posible venderlo a un precio mayor que la gratuidad.

Los supuestos bajo CD' también se ven muy sólidos. Cualquiera con un poco de experiencia en el negocio de la distribución puede decirnos que esas tres cosas ocurren en su realidad.

Invalidar el tercero exige educar a todos los proveedores...

Lo que puede demorar para siempre.

El tiempo de entrega puede acortarse mucho si en la manufactura se introduce el tambor-amortiguador-cuerda. Hay casos documentados, como el de Ford Electronics, que en 1999 pasó de diez días promedio (lo que es muy bueno) a dos días en nueve meses. Y en los meses siguientes lo bajaron a menos de un día. Esto significó muchos millones de dólares recortados de los inventarios necesarios en las ensambladoras de autos, lo que es un gran avance, y muy necesario. Pero aun así, muchas industrias ven que los clientes quieren su producto en el punto de venta; no quieren esperar un día.

El tema del pronóstico es algo que requiere un poco más de investigación. Cuando hablamos de una distribución, nos referimos a una operación como la del siguiente diagrama:

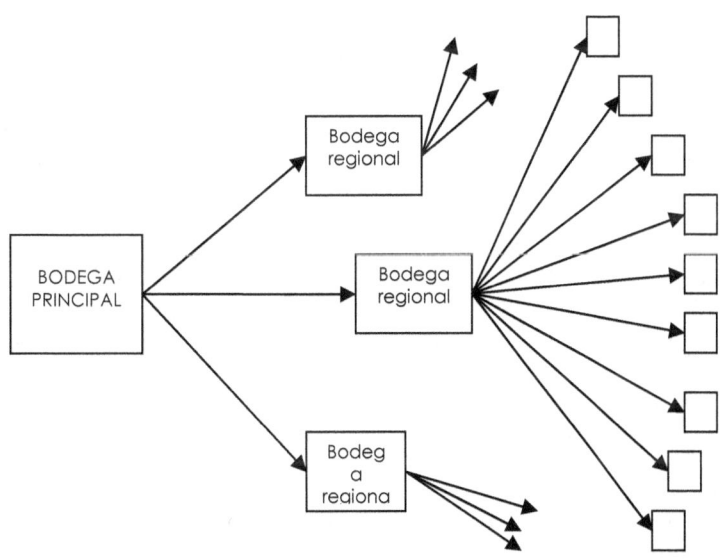

Una bodega principal abastece a bodegas secundarias o regionales, y éstas a los puntos de venta.

Supongamos que los puntos de venta le pertenecen a muchos pequeños propietarios. Lo que ocurre en este caso es que el trato que tienen los puntos de venta con la bodega regional es de comprador-vendedor. Entonces, la bodega regional anota como una venta lo que le despacha, factura y cobra al punto de venta. Y es muy raro que una bodega regional acepte una devolución y devuelva el dinero (acepte que el punto de venta le venda de vuelta).

Analicemos qué ocurre con el pronóstico del punto de venta. Una semana vende treinta unidades de cierto producto. A la semana siguiente no vende ninguna y la siguiente vende cinco unidades. ¿Puede hablarse de un promedio mensual con tal dispersión en los datos? Ciertamente al nivel del punto de venta la exactitud del pronóstico es muy baja. Y es muy posible que los puntos de venta pierdan ventas por faltantes muy frecuentemente. Y que además tenga un alto inventario de productos que no se venden y eso les detiene el dinero para reponer lo que sí se vende.

Lo que pasa en la realidad es que cuando un punto de venta pierde una venta, también perdió la venta la bodega regional, y también la principal. Es decir, toda la cadena de suministro perdió la venta. Y, por otro lado, todo el inventario detenido en un punto de venta está impidiendo el flujo del inventario que sí se vende. Es decir, si sumamos todo el inventario con escasa rotación en cada uno de los puntos de venta, tendremos el inventario detenido en todo el sistema.

Como conclusión, sumando todos los actores, el nivel de inventario total en la cadena de suministro es muy alto, y también es alto el porcentaje de ventas perdidas.

Veamos la situación desde el punto de vista de la bodega regional del ejemplo. Al estar abasteciendo a nueve puntos de venta, los promedios que se agregan tienen menos dispersión. La fórmula matemática que se aprende en estadística dice que la varianza se reduce en raíz cuadrada de la cantidad de puntos que se agregan. En este caso, el consumo que observa la bodega regional podría ser tres veces más exacto en su pronóstico que el de cada uno de los puntos. Y digo podría porque eso sólo puede ocurrir si fuera la bodega regional la que estuviera reponiendo en vez de que cada punto tome esa decisión.

Lo mismo ocurre al nivel de la bodega central.

Así que el pronóstico al nivel de mayor agregación (la bodega central) tiene una exactitud muchísimo más alta que en los puntos de venta. Esto invalidaría uno de los supuestos para tener altos inventarios.

Hay que buscar la manera de que la bodega central decida el nivel de inventario basado en un pronóstico más exacto.

Además de la agregación, el otro componente que hace el pronóstico más o menos exacto es el tiempo de reposición. Mientras mayor el tiempo, mayor el inventario requerido y peor es el pronóstico. La solución es reducir el tiempo de reposición al mínimo posible. Si la frecuencia de pedidos para cada producto se fija en un mínimo, esto por sí solo resuelve el problema. Hay que revisar caso a caso cómo afecta esta decisión a los costos logísticos, pero mi experiencia es que siempre hay un gran beneficio.

Una manera de hacer esto es lograr (cada cadena debe lograr su propia solución) que los puntos de venta repongan de sus bodegas sólo lo que se vende, y lo mismo las bodegas regionales con la principal. Es decir, en vez de empujar el inventario hacia los consumidores, los puntos de ventas lo van tirando desde las bodegas regionales, y éstas desde la central. Si se logra reponer cada día o dos días, el pronóstico que deben hacer los puntos de venta ahora es para esos dos días. Les bastará con, digamos tres veces, seis días de inventario para reducir las ventas perdidas. Y al mismo tiempo, al ser poco el inventario en el punto de venta, el riesgo de obsolescencia es muy bajo. Y además, el inventario de la cadena completa también es muy inferior.

Marketing

La labor de marketing es lograr que los productos de la empresa sean atractivos al mercado. Esta misión simplemente expresa que sin marketing la empresa no es capaz de interesar a otros en sus productos, por lo que tiene una capacidad instalada muy superior a la necesaria. En otras palabras, lo que impide a esa empresa ganar más dinero está fuera de ella: su restricción es externa y está en el mercado.

La forma de elevar la restricción de mercado es haciendo un análisis con los procesos de pensamiento para encontrar las causas primeras que provocan las quejas de los clientes (porque siempre habrán quejas). Lo normal es que estas causas sean políticas de la empresa. Y rara vez son políticas de esa empresa únicamente sino que corresponden a la práctica de la industria.

Si ese es el caso, que las causas en la base del árbol de realidad actual son políticas de la empresa, entonces está bajo el control de la empresa modificarlas.

El trabajo consiste en diseñar nuevas políticas comerciales que eliminen los efectos negativos para los clientes, lo que hace muy atractivos los productos o servicios de la empresa para ese mercado.

Si uno analiza las políticas innovadoras de algunas empresas que a uno le hicieron la vida más fácil, puede darse cuenta de que a alguien se le ocurrió romper paradigmas en la industria. El problema está en que proponer ideas rupturistas es arriesgado, por eso son pocos los que se atreven.

La propuesta de TOC es un método sistemático para investigar las causas y diseñar los cambios de paradigma, eliminando el riesgo porque todo el desarrollo se basa en lógica fácil de entender y comunicar. Y por la razón apuntada anteriormente, se garantiza una ventana de tiempo antes de que los competidores entiendan el cambio y lo copien. Entonces esa empresa ya habrá ideado otra estrategia innovadora para cuando los otros estén copiando la anterior.

Producto de la experiencia desde la primera edición, a este análisis lógico para diseñar una oferta atractiva hay que sumarle otro elemento. Cualquier oferta que diseñemos con este método será una innovación. En 1962, Everett Rogers propuso una distribución de actitudes de la población frente a innovaciones. Según él, el 15% son innovadores y adoptadores tempranos. Estos son los que aceptan las innovaciones solamente por su propio juicio. Pero luego viene un 70% que son seguidores, es decir, no aceptan una innovación si no ven que otros lo están haciendo. Y queda un 15% que aceptan las innovaciones cuando ya no hay alternativa.

Yo creo que hay suficiente evidencia de que esta distribución es bastante exacta. La acción lógica que se deriva es producir un mensaje y comunicarlo masivamente para atraer a los innovadores. Cuando tengamos algunos clientes, rápidamente hay que producir testimonios con las buenas experiencias de éstos y utilizarlos en nuestra comunicación masiva para mover a los seguidores. Sé que esto suena obvio porque es la estrategia de muchas empresas: hacer mucha publicidad. La novedad está en que la publicidad que sugiero aquí se basa en una idea innovadora y no en características fácilmente copiables por los competidores.

La otra consecuencia es que debe haber un énfasis de marketing en difundir el mensaje y lograr atraer prospectos que soliciten más información en vez de perseguir posibles clientes que no han demostrado interés.

Ventas

¿En qué consiste una venta? Debe hacerse el supuesto de que marketing ya hizo su trabajo y tenemos la atención del mercado. Ahora debemos lograr que el señor Pérez, a quien estoy visitando hoy, entienda que comprándome a mí obtendrá mayores beneficios que el precio pagado, y mayores beneficios que si le compra a mis competidores.

¿Quién no ha estado en los zapatos del comprador? Lo primero que uno piensa es que el vendedor quiere colocar su propio producto y le importa bastante menos arreglarme mis problemas. Así que cuando el vendedor empieza a exponer las bondades de su producto, uno empieza a pensar en las objeciones que uno tiene para adoptar el cambio que le están proponiendo como mejora.

Entonces, una venta consiste en superar la resistencia al cambio. Esta resistencia es muy saludable, para no aceptar cualquier cambio que me ofrezcan, porque muy pocos son mejoras reales. Y tiene dos aspectos esta resistencia: uno racional consciente y uno inconsciente.

A nivel consciente analizamos la propuesta desde todos los ángulos para asegurarnos que el cambio propuesto resuelva todos los problemas, sin provocar nuevos problemas y que sea factible. TOC provee de las herramientas para preparar una presentación tal que el comprador sea capaz de dimensionar el gran beneficio que le reportará la compra que le proponen.

Pero esas presentaciones no tienen ningún efecto si no se han superado los factores psicológicos que pueden provocar que el comprador ni siquiera analice la propuesta. Por ejemplo, si voy a ver al director de una escuela de negocios para proponerle que cambie sus cursos de contabilidad de costos por unos de contabilidad del trúput, es muy posible que primero pregunte si ese enfoque se utiliza en el MIT[19], por ejemplo. Y lo preguntará porque él considera al MIT una autoridad a la que respeta y prefiere ni siquiera escuchar la presentación si no es así. En este caso, ese director ha actuado en conformidad con una autoridad, levantando una barrera a escuchar argumentos que, él cree, esa autoridad no ha aceptado. Esto no es irracional. No llegó al punto de juzgar racionalmente nada. Simplemente resistió la exposición del cambio, lo que es saludable también para cuidar nuestro

---

[19] MIT: Massachusetts Institute of Technology

tiempo.

Esos factores psicológicos son: conformidad a la autoridad o a un grupo; tolerancia a la ambigüedad; sentido de justicia; y escalamiento.

La conformidad al grupo es parecido a ajustarse al pensamiento de una autoridad, pero esta vez es a un grupo que uno respeta. La curva de difusión de las innovaciones de Rogers que fue mencionada anteriormente describe este comportamiento con la estadística de la población según mayor o menor resistencia.

La tolerancia a la ambigüedad tiene que ver con la disposición que uno pueda tener a que le propongan cambios muy profundos. Si es poca esta tolerancia, se levanta la barrera porque uno no está dispuesto siquiera a considerar grandes cambios.

El sentido de justicia se vulnera cuando el comprador se siente manipulado por el vendedor de algún modo. En ese momento se deja de escuchar cualquier argumentación lógica.

El escalamiento es la resistencia a considerar caminos distintos cuando se ha avanzado mucho ya en uno elegido previamente. Por ejemplo, si ese mismo director ya invirtió tiempo y dinero en renovar su curso de contabilidad de costos para enseñar ABC[20], se le hará muy difícil siquiera escuchar argumentos totalmente lógicos demostrando que ABC no es adecuado para ser enseñado a ejecutivos que deben tomar decisiones operacionales.

La superación de los factores psicológicos de resistencia al cambio se resumen en una palabra: credibilidad.

Como se ve, TOC ofrece una solución genérica para preparar la persuasión racional de la venta. Sin embargo, las habilidades personales para construir confianza mutua y abrir los espacios para conversar racionalmente, siguen siendo factores críticos que distinguen a un buen vendedor.

Recursos Humanos

A pesar de todos los esfuerzos desplegados en tantos cursos y talleres sobre liderazgo y resolución de conflictos, los progresos en esta área son magros.

---

[20] ABC: Activity Based Costing

Stephen Covey propone construir habilidades de relación humana basadas en principios y enuncia siete hábitos. Y en realidad, cualquiera que los haya puesto en práctica ha logrado mejoras en órdenes de magnitud en su autodominio y su capacidad de colaboración con otros.

En su bien conocido libro "Los Siete Hábitos de la Gente Altamente Efectiva", expone estos hábitos:

- Sea proactivo.

- Comience con el fin en mente.

- Ponga las cosas más importantes primero.

- Piense en términos de ganar-ganar.

- Primero busque entender y después ser entendido.

- Busque sinergias.

- "Afile la sierra": esté mejorando continuamente.

Al leer estos hábitos la mayoría de la gente está de acuerdo en que es muy deseable que todos los practiquen.

Y si todo el mundo está de acuerdo en esto, ¿por qué entonces cuesta tanto lograrlo? Es que no es fácil; faltan herramientas concretas para aprender a pensar así.

La propuesta de TOC es utilizar los procesos de pensamiento para practicar estos hábitos en formas concretas:

- Sea proactivo: al enfrentar problemas y situaciones, con la ayuda de la nube de conflicto y la rama de causa suficiente, se reconocen las causas que están dentro del ámbito de control de la persona. Esto es ser proactivo: ampliar el área de influencia respecto del área de preocupación.

- Comience con el fin en mente: el árbol de pre-requisitos es una herramienta excelente para habituarnos a pensar primero en el objetivo.

- Ponga las cosas más importantes primero: el mismo árbol de pre-requisitos nos muestra las condiciones que son absolutamente necesarias para lograr nuestros fines, para darle prioridad a lo importante sin descuidar lo urgente.

- Piense en términos de ganar-ganar: la esencia de la nube de conflicto es buscar satisfacer las necesidades completamente, lo que se traduce en verdadero ganar-ganar.

- Primero busque entender y después ser entendido: la nube de conflicto nos obliga a entender las posiciones de los otros antes de pensar en exponer las nuestras.

- Busque sinergias: con mecanismos para comunicar nuestro pensamiento, como la nube y el árbol de causa suficiente, y con una herramienta para aunar esfuerzos como el árbol de pre-requisitos, nos acostumbramos a trabajar con otros, aprovechando las mejores habilidades de cada uno.

- "Afile la sierra", esté mejorando continuamente: el proceso de mejora continua de TOC se identifica con este hábito completamente. Obviamente no se logra ejercitar la dimensión espiritual, ni menos hacer ejercicio físico, como nos aconseja Covey, con herramientas para pensar. Es el principio de iniciar un proceso de mejora continua en todos los aspectos de nuestra vida lo que identifica a este hábito con TOC.

Es a través de la práctica de estos hábitos como TOC propone una solución genérica para mejorar la administración de los recursos humanos.

Estrategia

Finalmente la estrategia. ¿Cuántas definiciones de estrategia conoce? Es posible que superen la decena; algunas son militares, otras de negocios, y todas tienen en común que hablan de un objetivo, de recursos y cómo utilizarlos para alcanzar el objetivo.

Como ya sabe, el enfoque de TOC es simple. Estrategia se define como la dirección en que debe orientarse la organización para alcanzar su meta. Una buena estrategia es aquella que permite a la organización alcanzar su meta. Y supondremos que nos referimos a organizaciones que quieren ser sustentables en el tiempo, es decir, no tienen fecha de disolución prevista.

Lo primero que debe preguntarse entonces es cuál es la meta de la organización. Podemos pensar que es ganar dinero ahora y en el futuro. Pero esto no es suficiente, lo sabemos intuitivamente. Tal vez ganar dinero sea la meta con la que un accionista invirtió en una empresa con fines de lucro, pero es igualmente necesario para una organización sin fines de lucro generar fondos que financien sus operaciones. En ese caso ganar dinero no es su meta, pero sí es condición necesaria para alcanzar su meta, cualquiera que esta sea. Generalizando, generar dinero ahora y en el futuro es una condición necesaria de una buena estrategia, lo que es válido para empresas lucrativas y para organizaciones no lucrativas.

Seguimos sin saber cuál es la meta. Al analizar una organización, decíamos que es un sistema, es decir tiene más de un recurso coordinado. Si queremos alcanzar una meta, necesitamos que esos recursos colaboren coordinadamente. Al referirse a los recursos materiales, es obvio que "colaborarán" en la medida que sean adecuados a los fines. Así que el análisis debe centrarse en los recursos humanos. ¿Cómo se logra la colaboración continua de alguien? Se logra si de forma continua se le provee de seguridad y satisfacción; ambas condiciones son necesarias para que una persona quiera permanecer colaborando con la organización. Por lo tanto, podemos derivar una segunda condición necesaria que define una buena estrategia: que provea de un ambiente seguro y satisfactorio a sus miembros, ahora y en el futuro.

Y esta organización no opera aisladamente, no es un sistema cerrado. Debe interactuar con el entorno. Pueden hacerse toda clase de estudios biológicos para entender cómo las organizaciones son como individuos en un sistema superior, y cuando ese individuo va contra su entorno, el entorno lo combate hasta que lo destruye. Por lo tanto, podemos derivar la tercera condición necesaria de una buena estrategia: tener una relación de beneficio mutuo con el entorno, ahora y en el futuro.

¿Y la meta? A partir de estas condiciones necesarias podemos deducir lo que muchas organizaciones ya saben: la META de cualquier organización es la MEJORA CONTINUA, y uno puede elegir cualquier estrategia para lograrla, pero cuidando que satisfaga las tres condiciones necesarias:

- Generar dinero ahora y en el futuro.

- Proveer un ambiente seguro y satisfactorio a sus miembros, ahora y en el futuro.

- Lograr una relación de mutuo beneficio con su entorno, ahora y en el futuro.

¿Cuántas estrategias empresariales conoce que violan alguna de estas condiciones necesarias? Y no olvide que necesario significa que si se viola, se pone en peligro el objetivo.

Piense en los planes de reducción de personal (segunda condición), en las negociaciones con proveedores para, supuestamente, beneficiar a los clientes con precios más bajos (tercera condición), en empresas que contaminan o depredan el medio ambiente (tercera condición).

Pareciera que la primera condición la escribió un capitalista, la segunda un socialista y la tercera es mezcla de un gurú del marketing con un ecologista.

Es que todos esos enfoques tienen elementos de verdad. Decía Ettiene Gilson, un gran filósofo francés, que los grandes errores son verdades que se han vuelto locas. Al hacer el análisis en estos términos, vemos que ningún sindicato discutirá la necesidad de ganar más dinero; asimismo, ningún accionista de Wall Street tendrá problemas con mejoras en el recurso humano, evitando los despidos para reducir costos. Estos últimos son reflejo de la poca creatividad de la gerencia para utilizar sus recursos para crear real valor.

¿Ha oído hablar del Cuadro de Mando Integral (BSC)[21]? Los profesores de Harvard, David Norton y Robert Kaplan, desarrollaron este concepto para enseñarles a las empresas a diseñar sus estrategias, equilibrando cuatro dimensiones: la financiera; la interna de recursos humanos; la externa con clientes, proveedores y entorno; y la medición de mejora de las tres anteriores. ¿Suena parecido? ¡Por supuesto!, ya dije anteriormente que sería muy raro que se contradijeran pensamientos sistémicos. Tal vez sí tengo algo que decir del BSC respecto del uso del costeo basado en actividades, pero si se cambia ese método por una herramienta sistémica de control de costos, entonces coincidimos casi

---

[21] Más conocido como Balanced Scorecard (BSC).

plenamente.

Últimamente estamos escuchando hablar de la RSE[22] como algo necesario de parte de las empresas hacia su entorno. Me temo que esta manera de plantearlo suena más bien a imponer un altruismo a la empresa para equilibrar un poco su codicia.

¡Tres grandes errores se encierran en este nuevo concepto de RSE! El primero es que el altruismo o caridad, como quiera llamarlo, no se puede imponer. En el mismo momento que es obligación, ya no es caridad; es justicia (o injusticia). El segundo es que la caridad la practican individuos, no organizaciones. Es un acto humano e individual, por lo tanto no puede ni debe exigirse a colectivos. Y el tercero es que se muestra como si las acciones fomentadas por la RSE fueran en desmedro de la empresa a favor de la sociedad. La falsedad de esto último es lo que intenté mostrar al enunciar la tercera condición necesaria de una buena estrategia.

Lo que me parece más grave es que el concepto de RSE puede despertar un nueva forma de enfrentamiento artificial, que reemplace la añeja lucha de clases, pero de un modo más sutil. Deberíamos más bien fomentar la libertad de los individuos, al mismo tiempo de exigirles responsabilidad personal por sus elecciones. El tema de la solidaridad, caridad y altruismo, es una elección personal, que necesita espacio para ocurrir; por lo que necesitamos menos obligaciones, no más, para ser caritativos, solidarios y altruistas.

Entonces, no es que la RSE no sea necesaria. El error que quise mostrar es precisamente que aparezca como innecesaria a los intereses de la empresa pero deseable socialmente y, por lo tanto, se exija en vez de que sea satisfecha como parte de una buena estrategia empresarial.

Resumiendo, la solución genérica de TOC para la estrategia de una empresa se resume en elegir la dirección que uno quiera para lograr la mejora continua, siempre que satisfaga las tres condiciones necesarias. Ni más ni menos. Es simple, pero no fácil.

---

[22] RSE: Responsabilidad Social Empresarial.

La tecnología es necesaria… pero no suficiente

Imagine tener un teléfono móvil y usarlo solamente en la casa. Por lo menos estará de acuerdo conmigo en que de este modo el móvil no otorga más beneficios que uno inalámbrico dentro de la casa, lo que por sí solo no justifica su mayor precio.

Ese es un caso de una tecnología que eleva una restricción de comunicación que uno tenía, pero que no se aprovecha en nada si no se cambia el modo de operación anterior. Si uno sigue con sus viejos hábitos de seguir llamando desde la casa y de no tener teléfono fuera de la casa, es obvio que la ventaja que otorga la nueva tecnología no se aprovecha; eso si considera un beneficio poder estar comunicado en otros lugares, claro.

¿Le parece extraño proceder de este modo? Todos tenemos formas de operar para adaptarnos a las restricciones que tenemos y tenemos inercia para cambiar los hábitos adquiridos. Por ejemplo, en los inicios del comercio internacional moderno, los medios de comunicación no eran del todo confiables, por lo que se enviaban todos los documentos en triplicado, pero por tres distintos medios, para aumentar la probabilidad de que al menos un juego llegara a destino. Hoy eso no ha cambiado a pesar de que existen múltiples maneras de asegurar lo mismo sin necesidad de tantos papeles.

Las tecnologías solamente traerán beneficios si se cumplen dos condiciones:

- Que la tecnología eleve una restricción real.

- Que cambiemos la forma de operar, que ya no es necesaria porque ya no existe la restricción.

A veces la tecnología no eleva una restricción real. Un ejemplo puede ser una máquina de control numérico, capaz de procesar miles de piezas por hora, reemplazando a una manual, que procesaba sólo centenas por hora. Pero si después de esa máquina hay un proceso manual con el 30% de su capacidad, entonces comprar la máquina nueva eleva una restricción que no es real; por lo tanto, no se puede obtener un beneficio real de la nueva tecnología.

Lo más habitual es no obtener los beneficios de la tecnología porque no se cambian los modos de operar, y las cosas que se hacían por necesidad antes de elevar la restricción, se siguen haciendo después también, como el caso de los documentos de comercio internacional.

El Dr. Goldratt ha dado muchas veces el ejemplo de los sistemas MRP[23] en la década de los 70. Antes de contar con esa tecnología, las manufactureras debían hacer una programación de sus compras y producción una vez al mes, porque no era posible hacer todos los cálculos necesarios en menos de una o dos semanas, aun contando con un equipo de personas dedicadas. Cuando se introdujeron los MRP, muchas empresas pudieron hacer este cálculo en cosa de horas. Y siguieron haciéndolo ¡una vez al mes! Todo el beneficio de reducir los lotes y los inventarios quedó postergado por no cambiar las políticas de las empresas.

El caso de los ERP[24] es un poco más difícil, pero sigue el mismo patrón. Muchas empresas son capaces ahora de tener en línea los distintos lotes de producción y de inventarios, y proveerle información actualizada a los supervisores de línea para que tomen decisiones sobre la marcha. Pero siguen con la política de una reunión diaria, lo que les impide tomar decisiones instantáneas. Este es apenas un ejemplo de cómo las políticas no se adaptan para obtener beneficios de las tecnologías.

El Dr. Goldratt escribió una novela que se titula "Necesario Mas No Suficiente"[25], y trata específicamente el tema de porqué introducir tecnología en las empresas no ha dado los resultados que se esperaban.

Este capítulo tiene como fin que cada uno empiece a mirar de otra manera las tecnologías y los propios comportamientos, para ver si Internet, el cable, la telefonía IP, y tantas otras tecnologías que se nos ofrecen, elevan o no restricciones para que nosotros podamos mejorar nuestra calidad de vida. Y si estamos cambiando los hábitos para aprovechar ese hecho. En todos los ámbitos: personal, familiar y profesional.

La tecnología es necesaria para mejorar, pero no es suficiente por sí sola.

---

[23] MRP: Material Requirement Planning, planeador de requerimiento de material.

[24] ERP: Enterprise Resource Planning, planeador de recursos empresariales.

[25] En esta novela, el Dr. Goldratt es coautor con Carol Ptak y Eli Schragenheim.

Internet en la educación

Son muchos los aspectos en que Internet puede mejorar la educación. Sin embargo quiero mostrar un ejemplo de inercia en la enseñanza tradicional en colegios.

Antes de Internet, los trabajos de investigación requerían ir a una biblioteca, leer libros y escribir resúmenes. Hoy, un trabajo de investigación puede hacerse buscando en Internet, copiando y pegando en un documento. Es evidente la poca o nula utilidad de esta "investigación" para el estudiante, si es que no leyó ni estudió el "trabajo" que produjo con la ayuda de la tecnología.

¿Es mala Internet porque se puede copiar y pegar? En realidad, la pregunta es si acaso los profesores pueden o no pensar en algo más allá, suponiendo que ya no existe la restricción de tiempo, espacio y lugar, para que los estudiantes accedan a toda la información en forma muy rápida. Supongamos que un profesor pide a sus alumnos ponerse en el lugar de Cristóbal Colón y analizar los conflictos que éste enfrentaba al pensar en su viaje hacia las Indias Occidentales. ¿Se puede copiar y pegar un análisis así? Desde luego, sólo es posible pedir algo así si uno supone que la historia se copia y pega en pocos minutos, y se dispone de tiempo adicional para pensar.

Y aunque cueste creerlo, algunos profesores intentan resolver el problema de "copiar y pegar" ¡prohibiendo el uso de Internet!

Entonces, los beneficios de Internet para lograr estudiantes más analíticos, pensantes y originales, sólo pueden ser logrados si los profesores cambian su modo de operación al asignar trabajos y tareas, teniendo en cuenta que Internet es una tecnología que acerca las fuentes de información como nunca antes vimos en la historia.

¿Qué nuevas formas pueden tener las tareas? Vea los ejemplos de aplicación de TOCFE y verá algunas ideas. Por ejemplo, que los niños estudien los diferendos limítrofes de Chile construyendo las nubes de conflicto los hará pensar en las necesidades de ambos países, más que aprender de memoria fechas, tratados, y posiciones oficiales. O construir ramas lógicas para explicarle al resto del curso cierta materia. En fin, muchas nuevas formas pueden tomar las antiguas y siempre necesarias tareas y trabajos escolares.

La educación como sistema

Las organizaciones educativas son sistemas, por lo tanto es aplicable a ellos todo lo expuesto hasta ahora.

Con el fin de mejorar los sistemas educativos del mundo, el Dr. Goldratt donó el conocimiento de TOC y fundó TOC for Education (TOCFE) el año 1995. Desde entonces, bajo la dirección de Kathy Suerken, TOCFE ha mejorado la educación en más de veinte países hasta el año 2003[26], logrando lo que en todos los ministerios del mundo intentan desde hace años: formar niños libres y eficaces, que piensan antes de actuar, que se responsabilizan de sus elecciones y que quieren dejar un mundo mejor detrás de ellos.

El impacto ha alcanzado a delincuentes juveniles, que han cambiado su vida después de recuperar para sí la capacidad de discernir que habían perdido al acostumbrarse a culpar a otros por las cosas malas que les pasaban a ellos. Existen varios casos de grupos de jóvenes que han salido de instituciones correccionales, logrando muy baja reincidencia. Se comparan cifras de un reincidente entre treinta, después de un programa de TOCFE, contra más de veinte reincidentes en otros casos.

¿Cómo se aplica TOC en un sistema educativo?

Lo primero es definir el problema de fondo. A través de los síntomas podemos generalizar y encontrar la causa.

Los síntomas son bien conocidos:

- Los alumnos no saben resolver sus propios problemas.

- Los alumnos memorizan en vez de entender.

- Hay deserción escolar.

- Muchos alumnos no saben controlar su impulsividad.

- Muchos no ven cómo aplicar lo que les enseñan a situaciones reales.

---

[26] N.A.: El año 2014 Kathy Suerken sigue encabezando TOCFE y el alcance geográfico ha seguido expandiéndose.

- Muchos estudiantes no entienden cómo lo que aprenden puede hacer sus vidas mejores.

- Se espera que los que dirigen la educación (padres, profesores y directores) logren los objetivos individuales de enseñanza y comportamiento de todos los estudiantes, sin los suficientes recursos (tiempo y dinero).

Al relacionar unos con otros todos estos síntomas, vemos que la causa fundamental no está en la falta de voluntad de padres y profesores para educar bien. Tampoco parece razonable pensar que los alumnos quieran sabotear su propia educación.

Si todos los actores involucrados quieren mejorar el sistema y no lo logran, es porque no pueden en las circunstancias actuales.

La solución es lograr que cada estudiante se responsabilice por su propia educación. Eso se podría lograr si existiera suficiente tiempo con cada uno. O si hubiera un método más rápido para lograrlo. Porque convengamos que muchos profesores saben perfectamente bien qué quisieran transmitir a sus alumnos, pero no logran acelerar esa transmisión.

¿Qué pasaría si existieran herramientas efectivas para razonar, para resolver problemas, para prever consecuencias de ideas y acciones, para diseñar planes factibles para lograr metas? ¿Y si estas herramientas fueran lo suficientemente simples para ser aprendidas por niños?

TOCFE da la respuesta a esa pregunta enseñando los procesos de pensamiento. En el mundo de la educación, menos sofisticado que el de los negocios, las herramientas que se enseñan son tres:

- La Nube.

- La Rama.

- El Objetivo Ambicioso.

La rama es el árbol de causa suficiente y el objetivo ambicioso es el árbol de pre-requisitos.

Es impresionante lo que se logra cuando los niños ven que uno no les da órdenes "porque sí" y ellos pueden entender el porqué de las cosas. Sólo conociendo las causas y consecuencias, se puede ser verdaderamente libre para elegir lo que más conviene.

Ejemplos de mejora con TOCFE

Existen muchos ejemplos publicados de cómo se ha mejorado de una u otra manera en materia de educación utilizando las herramientas de TOC. Se incluyen algunos aquí para que se vea cómo se han aplicado las herramientas de TOC con niños.

Rama para entender las proporciones en dos partes[27]

Primero el enunciado del problema sacado de un libro de álgebra:

Si 5 trabajadores pueden hacer un trabajo en 8 días, ¿cuántos trabajadores se necesitarían para hacer 3 trabajos en 7 días? Muestre todo su trabajo.

El mismo libro da como respuesta correcta la siguiente:

Este es un problema de proporción o tasa en dos partes. Y la tasa se expresa en trabajos/trabajador-día:

Tasa = Trabajo / { Trabajadores * Días de trabajo} = 1 / {5 * 8} = 1/ 40.

Cuando la tasa es en dos partes hay cuatro variables en vez de tres:

Tasa x Trabajadores x Tiempo = Trabajos

Si queremos hallar la respuesta a la pregunta, dividimos ambos lados por la Tasa y por el Tiempo:

Trabajadores = Trabajos / {Tasa * Tiempo}

Ahora reemplazamos los datos del problema: trabajos =3; tiempo = 7; tasa = 1/40.

---

[27] Mike Round es el autor de este ejemplo y lo presentó en la Virtual Conference 2004 de TOCFE.

$$Trabajadores = 3 \ /\{ \ (1/40)* \ 7\} = 120 \ / \ 7 = 17 \ 1/7$$

No sé usted, pero yo tuve dificultades para seguir esta explicación y capturar el concepto.

Usando la rama se puede presentar un razonamiento lógico que se entiende bastante mejor:

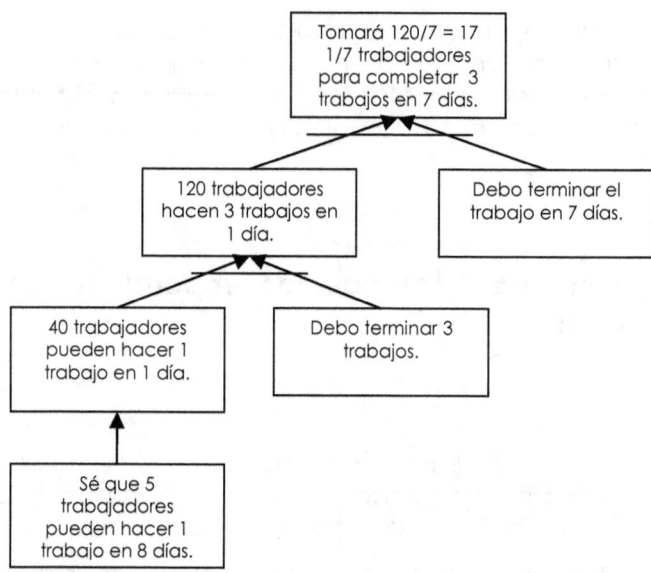

Recordando la manera en que se lee la rama, este diagrama nos dice lo siguiente:

Si sé que 5 trabajadores pueden hacer 1 trabajo en 8 días, entonces 40 trabajadores pueden hacer 1 trabajo en 1 día. Nótese que con este razonamiento uno empieza a preguntarse en qué circunstancias esto es cierto. Y el supuesto es que los trabajos son independientes unos de otros, por lo que sumar recursos acelera el trabajo. A diferencia del caso en que nueve mujeres no pueden dar a luz a un niño en un mes, donde claramente sumar recursos no acelera el trabajo.

Entonces le queda muy claro al estudiante que la proporcionalidad en dos partes no es aplicable siempre, lo que no era tan obvio con la explicación del libro tradicional de álgebra.

Y sigue: Si 40 trabajadores pueden hacer 1 trabajo en 1 día y debo terminar 3 trabajos, entonces 120 trabajadores hacen 3 trabajos en 1 día.

Para terminar, teniendo la intuición de que aumentando el tiempo requiero menos recursos, se termina de resolver el problema diciendo: Si 120 trabajadores hacen 3 trabajos en 1 día y debo terminar en 7 días, entonces 120 / 7 trabajadores terminan 3 trabajos en 7 días. La respuesta es que matemáticamente se necesitan 17 1/7 trabajadores. Lo que tampoco es posible, dicho sea de paso.

Lo que podría ser muy triste es que el profesor de álgebra califique negativamente una respuesta como esta.

Entendiendo los procesos matemáticos[28]

Caso referido por Wong Siew Shan, una vice-rectora en Singapur.

"Cuando volví de mi taller TACT[29] a las 12:30 PM hoy, veo una nota del Director en mi mesa, que estaba ausente en un curso de dos días, pidiéndome que tome su clase de Enriquecimiento Matemático con sus alumnos de 2° básico. El tema era 'el peso'. ¡Tenía apenas cuarenta minutos para organizar mis pensamientos acerca de la lección, reunir los materiales que necesitaba y diseñar la hoja de trabajo adecuada para una lección de una hora! Así que, ¿cómo conecto con los alumnos y los pongo a pensar creativamente de modo de resolver un problema matemáticamente?

Entonces me vino una idea emocionante –el Objetivo Ambicioso se prestaba perfectamente para la actividad con la que quería cerrar la sesión.

Para la actividad final de la sesión, tomé tres cajas vacías de diferentes formas y tamaños. Les pedí a los alumnos que me ayudaran a poner las cajas en orden ascendente de acuerdo a sus pesos. ¿Cómo voy a lograr eso? ¿Qué dificultades encontraré?

El primer obstáculo que un niño señaló fue que no había una máquina de pesar. 'Bueno', dije 'no los puedo ayudar con eso,

---

[28] N.A.: Este caso está traducido y entrecomillado para mantener el estilo de su autor.

[29] TACT: Thinking And Communication Tools; herramientas de pensamiento y comunicación.

pero hay una balanza aquí. ¿Ayudará?' Todos a coro: '¡Sí!'

'¿Tenemos más obstáculos si ya tenemos la balanza?' Y todos juntos construimos el siguiente árbol de objetivo ambicioso:

Objetivo de la actividad:	
Ponemos las cajas en orden de menor a mayor peso.	
Obstáculos	**Objetivos intermedios**
No tenemos una máquina para pesar	La Sra. Wong nos presta una balanza
No sabemos cuál es más pesado, A o B.	Averiguamos cuál es más pesado, A o B.
No sabemos cuál es más pesado, B o C.	Averiguamos cuál es más pesado, B o C.
No sabemos cuál es más pesado, A o C.	Averiguamos cuál es más pesado, A o C.

Después de guiar a los alumnos para hacer el objetivo ambicioso, a pesar de ser tan simple, con sólo cuatro obstáculos, llevamos a cabo la actividad. Y los niños ordenaron las cajas por su orden de pesos muy fácilmente.

Después, de debajo de mi mesa saqué una máquina para pesar y les pedí a los niños que midieran el peso exacto de las cajas. ¡Cómo protestaron por decirles primero que no tenía la máquina! Pero tuvieron la satisfacción de demostrarse a sí mismos que sus deducciones anteriores eran correctas. Puedo estar equivocada, pero sinceramente creo que el rendimiento de dos niños de igual habilidad matemática depende del nivel de confianza de cada uno.

Mi primero intento usando el Objetivo Ambicioso fue una experiencia estimulante, más aún cuando tuve tan poco tiempo para realmente planear una lección apropiada. Nunca he conducido una lección tan poco preparada, pero paradójicamente, con tanta satisfacción acerca de los resultados."

Logrando el acuerdo de ciento ochenta niños en quince minutos[30]

En Noviembre, Inglaterra tiene una tradicional Celebración de Fuegos Artificiales, llamada "Guy Fawkes Night". Muchas familias tienen fuegos artificiales en sus jardines o patios. Siempre realizan[31] un programa de seguridad de fuegos artificiales y ese año decidieron usar la nube para pasar el mensaje. Juntaron a todo el colegio y presentaron la nube del siguiente problema:

Hemos encendido un cohete pero no despegó. Yo quiero encenderlo nuevamente. Un amigo me dice que eso es peligroso.

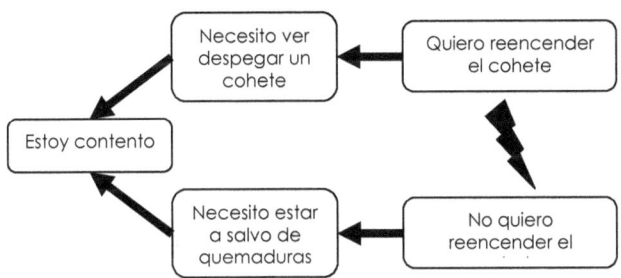

Las discusiones rugieron a todo lo ancho porque todos los puntos de vista fueron considerados. Durante ese tiempo, la profesora se las arregló para mostrar todos los puntos de seguridad que necesitaba transmitir **Y** los niños sintieron que ellos estuvieron involucrados en vez de recibir instrucciones para ser simplemente obedecidas.

La conclusión eventual fue conseguir otro cohete y llamar a un adulto.

No es un caso complejo, pero los niños fueron dueños de su propia solución. La audiencia consistía de ciento ochenta niños de cinco a siete años, y todo demoró unos quince minutos. Estos niños están experimentados en nubes y la respuesta fue plena, especialmente cuando la profesora preguntó qué podría pasar ¡si ella intentaba reencender un cohete!

---

[30] Caso remitido por Linda Trapnell y extraído del banco de casos del sitio de TOCFE. Es un caso del Reino Unido y traducido por el autor.

[31] N.A.: Se refiere al programa de seguridad que realizan en el colegio.

Administración de la Producción

Introducción

En primer lugar fijemos el marco y los límites del área de producción:

- Supondremos que el abastecimiento de materia prima está resuelto, no es parte de la producción.

- Cuando tenemos una orden de producción, debemos producirla en cantidad, especificaciones y plazo; no es un tema relevante decidir si se acepta o no. Se supone ya aceptada.

- El proceso tiene una dirección definida; se inicia en un lugar y se termina en otro.

Con estos acuerdos, la situación es que hemos recibido una orden de producción por cierta cantidad de un producto y debemos entregar el producto terminado en un cierto plazo al siguiente eslabón, normalmente la bodega. La dificultad de hacer esto proviene del hecho de tener muchas más órdenes que también deben ser atendidas. Espero que esta descripción sea lo suficientemente genérica como para incluir su caso particular.

Es obvio que el producto quedará terminado cuando haya sido procesado por todos los recursos involucrados en su producción. Lo que nos lleva a preguntarnos qué debemos hacer para que cada recurso haga lo que debe y cuando debe. Y esto responderlo para todas las órdenes de producción.

Distingamos dos tipos de recursos:

1. Un recurso que es el primer eslabón, que procesa materia prima. Son los que inician el proceso.
2. Un recurso que recibe material ya procesado. Estos recursos continúan el proceso, mantienen el flujo de producción.

Cómo administrar recursos que mantienen el flujo de producción

Veamos primero qué debemos hacer con los del tipo dos, aquellos que son responsables de mantener el flujo de producción.

Si su función es mantener la producción fluyendo y en el orden correcto, les diremos dos cosas:

Cuando tengan alguna orden que atender, trabajen a toda la velocidad posible. Si no tienen órdenes, muéstrense disponibles para no detener el flujo cuando lleguen las órdenes.

- Cuando reciban dos o más órdenes, trabajen en la que tenga mayor prioridad.

- La primera instrucción asegura que ningún recurso bajará la velocidad de producción.

La segunda instrucción es evidente en forma genérica. El problema es quién determina la prioridad de una orden sobre otra.

Supóngase que un recurso recibe dos órdenes. La primera debe entregarse antes que la segunda, pero el recurso ya está preparado para procesar la segunda. ¿Cuál tiene mayor prioridad?

Si uno está atento a no desperdiciar tiempo de los recursos, la prioridad la tiene la segunda porque puede procesarse inmediatamente y no se desperdicia tiempo en una preparación adicional. En cambio, si a uno le interesa acelerar las órdenes con fechas prometidas más tempranas, la prioridad la tendrá la primera.

Está claro que si uno desperdicia la capacidad de producción no entregará a tiempo las órdenes. Entonces, ¿cuál tiene prioridad sobre la otra?

Examinemos este dilema con la nube de conflicto:

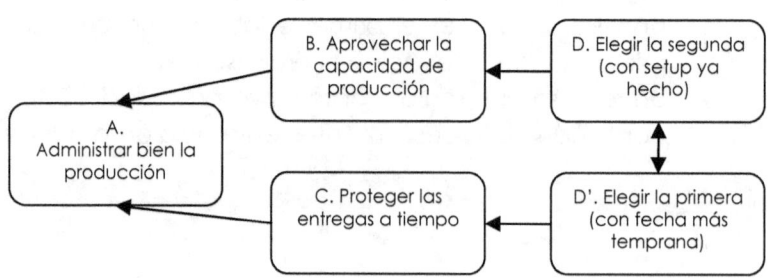

El problema no es que siempre ocurra que aprovechar los setups dañe la entrega a tiempo. El problema más profundo es que las reglas de operación que establecemos no sean válidas para todas las situaciones, requiriendo de las personas que tomen decisiones sin toda la información.

Para evaporar esta nube, revisemos los supuestos que soportan el conflicto.

¿Por qué para aprovechar la capacidad de producción debemos elegir la orden cuyo setup ya está hecho?

Porque hacer setups adicionales consume la capacidad productiva hasta el punto que no es posible satisfacer toda la demanda a tiempo.

¿Por qué para proteger las entregas a tiempo debemos elegir la orden con la fecha más temprana?

Porque al elegir una orden se posterga la otra. Estas postergaciones pueden llegar a sumar más tiempo del disponible para entregar la orden, produciendo el atraso.

Este segundo supuesto es válido siempre. No es que la orden se atrase siempre. El problema es que no sabemos cuándo se va a atrasar y no podemos permitirnos el lujo de esa incertidumbre nunca.

En cuanto al primer supuesto, ¿en qué circunstancias las preparaciones consumen la capacidad productiva?

Cuando la demanda de tiempo de todas las órdenes sobre el recurso está muy cerca de la capacidad productiva del recurso, o cuando las preparaciones son muy largas.

Ya se discutió en otro capítulo porqué en cualquier sistema productivo la gran mayoría de los recursos deben tener sustancial capacidad excedente para proteger el desempeño de la restricción. En este caso, el ahorro de una preparación no beneficia en nada al sistema como un todo. De hecho esa capacidad se aprovecha mejor cuando se utiliza para subordinar todo a lograr el cumplimiento de las fechas de entrega.

Si las preparaciones son muy largas, efectivamente hay que tener el cuidado de tener lotes de proceso que reduzcan las preparaciones. Sin embargo, reconociendo el hecho de que es más flexible un sistema con preparaciones más frecuentes, valdrá la pena iniciar las mejoras aplicando SMED u otras técnicas para reducirlas o comprar más capacidad.

En general, las preparaciones no son una consideración para fijar prioridades de producción. Es más barato tomar las acciones para reducir su tiempo o aumentar la capacidad, de modo de invalidar el supuesto y evaporar la nube.

Entonces, la prioridad la marca simplemente la fecha de entrega. Más adelante fijaremos el procedimiento simple para lograr la visibilidad de las prioridades en todo el piso de producción. Y de un modo que no obligue a optimizar más de lo necesario.

Cómo administrar recursos que inician el proceso

Veamos ahora los recursos del tipo uno, aquellos que son los primeros eslabones de la cadena.

Estos recursos reciben materia prima e inician el proceso. El momento más temprano que pueden iniciar el procesamiento es el momento de recibir la orden de producción. ¿Conviene hacerlo así? ¿Habrá alguna razón para retrasar el inicio de una orden?

La creencia común que guía la práctica en la mayoría de las empresas es que mientras antes se empiece, antes se termina.

Veamos el efecto que tiene hacer esto con un ejemplo cotidiano.

Considere que tiene un embudo que es capaz de llenar 10 lt/min y su tarea consiste en cumplir con el llenado de un bidón de 100 litros.

En este ejemplo la capacidad de llenado del embudo es la capacidad de producción.

El embudo tiene una boca superior de mucho mayor diámetro que su salida, lo que permite concluir que el embudo tiene una capacidad más grande al principio y luego se va reduciendo hasta el diámetro mínimo, que sabemos que tiene una capacidad de 10 lt/min.

¿Por qué sabemos esto? Porque el diámetro menor da la menor capacidad; la menor capacidad es la capacidad del embudo; y sabemos que la capacidad del embudo es 10 lt/min.

El tiempo para llenar el bidón es de 10 minutos. ¿Qué pasa si empezamos a llenar el embudo al ritmo de 25 lt/min? El bidón no se llenará más rápido, pero el embudo empieza a acumular rápidamente líquido, hasta que su capacidad sea copada y el líquido se derrame.

Si uno 'libera' líquido durante mucho tiempo más rápido que la capacidad del embudo, el embudo es capaz de absorber ese exceso hasta un cierto límite. Cuando se supera, se empieza a perder líquido y no se obtiene ningún beneficio, porque la velocidad de llenado del embudo está fija en 10 lt/min.

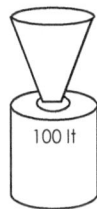

Esto significa que si el primer proceso, que en este caso es la entrada del embudo, tiene mayor capacidad que la fábrica como un todo, entonces liberar materia prima a la velocidad del primero no acelera el proceso y conduce a desperdiciar recursos.

La solución no es achicar la entrada (hacer más lento el primer proceso), sino que restringir la cantidad de líquido que permitimos entrar al embudo en un tiempo determinado.

Supongamos que somos capaces de echar líquido a 25 lt/min en el embudo. Bastarán 4 minutos efectivos de echar líquido para que se cumpla la orden, aunque la orden demorará 10 minutos porque el embudo tiene esa capacidad.

Si durante los primeros cuatro minutos echamos los 100 litros tendremos problemas de derrame. En cambio podemos planear esta orden en lotes más pequeños y espaciados: 25 litros cada dos minutos. El efecto de esto es que cada dos minutos hacemos trabajar al máximo de su capacidad al primer recurso pero por un lapso de 1 minuto. El siguiente minuto parece "desperdiciado" en el primer recurso, porque está simplemente disponible. Pero en realidad lo que hemos hecho es limitar la cantidad de trabajo en proceso para un flujo más suave sin sacrificar el resultado final. *Hemos equilibrado el flujo total.*

La respuesta a la pregunta entonces es decidir un lapso de tiempo y limitar la cantidad de trabajo en toda la fábrica a la que puede absorber la capacidad instalada en ese lapso, retrasando el inicio de las órdenes que queden fuera de ese lapso predeterminado.

Es decir, si queremos aprovechar al máximo la capacidad, debemos retrasar el inicio de algunas órdenes.

La capacidad instalada está dictada por el recurso más restringido de capacidad (RRC), pero en realidad no es importante averiguar cuál es (todavía). Pensemos una manera simple de tomar esta acción de restringir la cantidad de trabajo en proceso.

En la situación actual (con los atrasos y todo) la fábrica está entregando cierta cantidad al mes[32] y todas las órdenes tienen más o menos un tiempo de entrega al que llamaremos lead time de producción (LTP). Puede ser que distintos productos tengan distintos LTP. En ese caso se agrupan los productos por familias de LTP, aproximando a unos números redondos. Le pueden quedar unas pocas familias que agrupen todos los productos. No deberían ser más de tres; no hay que hacer un gran estudio ni buscar exactitud. Entre tres productos con LTP de 18 días, otro de 25 días y otro de 28 días, podemos deducir que los tres son de la misma familia y le asignamos un LTP de 20 días promedio. Note que no promedié ni busqué precisión; basta con una estimación cercana.

Y recuerde que actualmente nadie está restringiendo la entrada de materia prima, es decir, cada vez que hay una orden de producción y el primer recurso está disponible, se libera la orden y se trabaja en ella. En la práctica esto equivale a liberar la orden un LTP antes de la fecha de entrega.

Todo el inventario en proceso (o WIP por work-in-progress) que está dentro de la fábrica, sumando todas las órdenes, equivale a la cantidad que puede absorber el RRC en cierto tiempo. Ese tiempo es la "cola" de producción que actualmente se ha acumulado y será también el LTP que uno espera de la siguiente orden que entre. Si entran muchas, el LTP se alarga, si entran menos, el LTP se acorta. ¿No es cierto que en su experiencia hay periodos de bajas ventas que le ayudan a recuperarse de los atrasos?

Como en el caso del embudo, el RRC es el que dicta el ritmo de producción, por lo que el exceso de WIP se acumula dentro de la fábrica sin ningún beneficio.

---

[32] Este es un dato que usted ya tiene o puede calcular fácilmente haciendo una estadística de las entregas por periodos de carga completa.

Una posibilidad para resolver esta acumulación es el extremo de liberar la materia prima casi inmediatamente antes de la fecha de entrega, haciendo la suposición de que una orden toma muy poco tiempo comparado con el LTP, lo que es cierto en casi todas las fábricas[33]. Es decir, tomarse al pie de la letra lo de JUSTO A TIEMPO. Está claro que esto funcionaría solamente si no hubiera incertidumbre en la demanda o en el proceso. Debido a la incertidumbre, es muy posible que antes del RRC haya algún imprevisto que atrase la llegada del material al RRC, dejando ocioso a nuestro recurso más escaso. Esto sí es un desperdicio de capacidad. Esta no es la solución.

Tampoco es liberarlo todo por el hecho de poder trabajar en ello.

Para obtener los beneficios de reducir el trabajo en proceso sin sacrificar productividad por incertidumbre, elegimos arbitrariamente la mitad del actual LTP. Note que inmediatamente el tiempo de respuesta se ajusta a este nuevo valor, porque resulta por construcción, pero la diferencia ahora es que nosotros controlamos el proceso.

La conclusión entonces es que la manera de administrar los procesos que inician el proceso es programar fechas de inicio de modo de controlar el WIP y, por lo tanto, el tiempo de entrega.

Sistema de prioridades

Ahora podemos diseñar un procedimiento simple para fijar las prioridades.

La experiencia indica que la dificultad de decidir entre dos o más órdenes es muy real y continua. Ya que son habituales los atrasos, las prioridades las dictan las urgencias impuestas por los clientes más que un sistema objetivo. Claro que ahora que tiene restringida la entrada de órdenes, la cantidad que se acumula frente a un recurso de producción es mucho menor (como en el embudo deja de derramarse el líquido).

Sin embargo, esta necesidad sigue estando presente. Podemos usar el sistema que hemos construido para medir la

---

[33] Cuando el tiempo efectivo de fabricación, también llamado tiempo de toque, no es mucho menor (menos del 10%) del LTP, otra solución debe aplicarse.

prioridad.

El tiempo que decidimos usar para restringir el ingreso de las órdenes, igual a la mitad del LTP, es el colchón de seguridad que nos dimos para entregar a tiempo. El nombre que recibe este colchón en TOC es Amortiguador de Producción, y se mide en tiempo.

Una vez que una orden fue liberada a producción, al pasar el tiempo, el amortiguador irá consumiéndose hasta cero cuando llegue la fecha de entrega prometida. Esperamos que nunca se consuma por completo y podamos entregar todo a tiempo.

Las órdenes cuyos amortiguadores estén más consumidos serán las más prioritarias. Para evitar mucha complejidad, basta con tener un sistema donde le pongamos colores al estado del amortiguador dependiendo del grado de consumo del mismo.

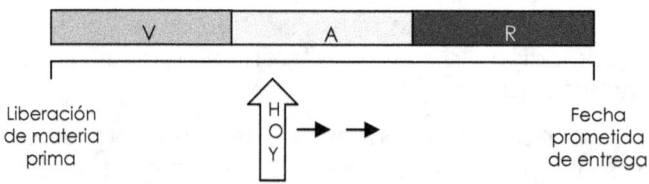

Todas las órdenes tienen su propio estado de amortiguador. Cuando deba priorizarse una orden sobre otra en un proceso, primero se hace una de las rojas; si no hay rojas, una de las amarillas; solamente si no hay amarillas, se procesan verdes.

Entre dos del mismo color, se hace cualquiera de las dos. Esto permite elegir una con fecha posterior pero que ya tiene hecho el setup. ¿Se da cuenta que logramos evitar los cambios constantes al mismo tiempo que asignamos prioridades con suficiente precisión para la toma de decisiones?

Este sistema es robusto si se obedece. Supongamos que tenemos preparada una máquina para una orden amarilla y tenemos una roja que requiere de cambio de preparación. La tentación es hacer la amarilla antes para aprovechar la preparación, pero la instrucción clara y estricta es cambiar la preparación, procesar la roja y repetir la preparación para la amarilla. Los colores indican prioridades claras para el cumplimiento de las fechas de entrega, por lo que optimizar el trabajo de un recurso ahorrando tiempo de preparación iría en contra del óptimo global de la fábrica, que es entregar a tiempo.

Programación y Control

Con estas dos acciones simples tenemos un sistema claro para programar la producción y para controlarla en forma efectiva.

La programación ocurre de este modo:

- Las fechas de entrega ponen la referencia.

- El amortiguador fija la fecha para liberar la orden a producción.

- A todos los demás recursos les damos la instrucción de trabajar a toda máquina cuando les llegue trabajo, y estar disponibles el resto del tiempo.

El control ocurre así:

- El estado de los amortiguadores fijan las prioridades de trabajo de cada recurso en forma dinámica (ya nadie debe preguntarle a un supervisor en qué debe trabajar).

- Cuando una orden alcanza el color rojo, el supervisor sabe en donde debe enfocar su esfuerzo: en ubicar la orden y ayudar a que avance lo más rápido posible.

En las fábricas que se ha hecho esto, el rendimiento de entregas a tiempo creció sobre el 95% en muy corto tiempo. Es evidente que si uno compromete más que la capacidad real, no existe el mecanismo que permita cumplir. ¿Qué hacer si eso ocurre?

Eliminar los cuellos de botella

Hay todavía algo que mirar para alcanzar cerca del 100%. Si después de restringir la entrada de órdenes y administrar las prioridades con los amortiguadores, todavía hay un cuello de botella, esto significa que estamos vendiendo más de la capacidad instalada para ciertos periodos de tiempo.

Pero antes de reducir las ventas o alargar los plazos, veamos cómo podemos eliminar el o los cuellos de botella.

Hay una serie de acciones muy simples que pueden incrementar la capacidad de un recurso que es cuello de botella, hasta el punto de no serlo más:

- Eliminar todos los tiempos muertos debidos a almuerzos, descansos, etc. Esto se puede hacer con turnos especiales en ese recurso.

- Descargar parte del trabajo que ese recurso hace a otro de más capacidad (sin convertir al otro en cuello de botella). Un ejemplo es si deben cepillarse tablas de madera, y el cepillo es cuello de botella, parte del cepillado puede hacerse en la moldurera, lo que parecería muy poco eficiente, pero al descargar al cuello de botella, la capacidad de la fábrica entera se incrementa.

- Aprobar horas extraordinarias en el cuello de botella.

- Para reducir el tiempo desperdiciado en preparaciones, aplicar la técnica SMED[34].

- Aplicar técnicas de mejoramiento de procesos (6-sigma u otras) para reducir la variabilidad del cuello de botella y elevar su productividad.

Estas simples acciones elevan la capacidad de la fábrica. Si todavía se requiere más capacidad, es porque está vendiendo más y se justifica aumentar los turnos e incluso invertir.

Controlar la carga

Todavía tenemos un problema que resolver. Las órdenes no llegan a la fábrica en forma uniforme. Supongamos que la capacidad es de 220 ton/mes y se trabaja 22 días. No es muy probable que los clientes pongan pedidos a un ritmo de 10 ton/día, lo que provocará que algunos días se liberen menos órdenes y se puede desperdiciar capacidad durante algún tiempo.

---

[34] SMED es una técnica japonesa para reducir el tiempo de setup efectivo.

Debido a que los clientes tienen la experiencia pasada de frecuentes atrasos, los plazos que demanda el mercado siempre son más cortos de lo que necesitan (le suman seguridad). Por su lado, la fábrica también tiene la experiencia de atrasarse y trata de prometer plazos más largos. Entonces, la manera en que hoy la fábrica promete las fechas es dar el máximo plazo que le asegure la venta, aunque no hay un mecanismo para saber si podrá cumplirlo.

¿Qué pasaría si ventas y producción pudieran sincronizarse para prometer solamente lo que se puede cumplir? Alcanzar el 100% de entrega a tiempo debería ocurrir por construcción del sistema.

Sobre lo que ya tiene, el siguiente paso es el mecanismo siguiente:

- Producción llena la capacidad completa de la fábrica para cada día, en el orden que llegan las órdenes. En nuestro caso, si ya hay 145 toneladas vendidas, eso debería ser procesado en 14 días y medio.

- Cuando ventas pregunta por la fecha de entrega para una orden de 5 toneladas, es fácil deducir que al final del día quince podría estar lista. La fecha puede prometerse basándose en la carga.

- La manera de asegurarse de entregar a tiempo es prometer la fecha que da la carga más la mitad del amortiguador. En la gran mayoría de los casos esta es una fecha tolerable para los clientes.

- La liberación entonces ocurre medio amortiguador antes de la fecha prometida. (Note que hemos reducido todavía más el WIP).

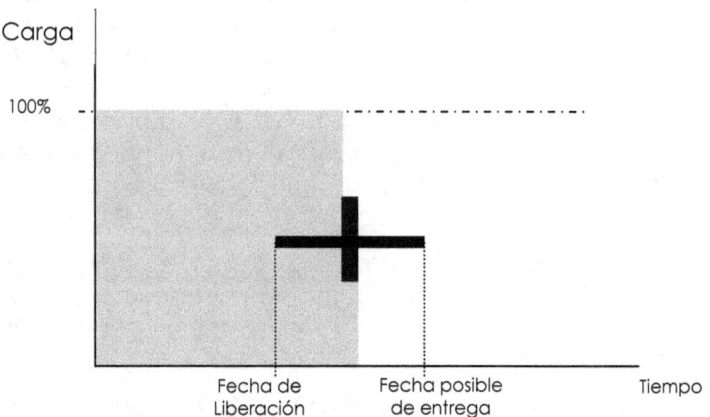

La diferencia entre la fecha posible de entrega y la fecha de liberación es exactamente un Amortiguador de Producción.

La fecha de la última orden vendida es lo que se llama el frente de carga. Está claro que todos los días se van entregando 10 toneladas más o menos y el frente avanza, se queda o disminuye si se venden más, igual o menos de 10 toneladas al día siguiente.

Al monitorear el frente de carga periódicamente, es fácil deducir a qué velocidad va avanzando, lo que permite deducir cuándo se requerirá más capacidad.

Construyendo confiabilidad

Una pregunta más, ¿conviene prometer siempre la fecha más próxima o la más tardía aceptada por el mercado?

En la mayoría de los mercados existen plazos de entrega estándar. Si hemos construido un sistema que entrega en forma confiable, ¿para qué ofrecer plazos más cortos que el estándar? El atractivo no proviene de un plazo más corto si no de uno más confiable. Recordemos que la experiencia de los clientes es que la entrega no es 100% confiable, por eso piden plazos más cortos de los necesarios.

Entonces, lo que conviene es prometer el plazo estándar del mercado y agregar el tiempo extra al amortiguador de producción. Este nuevo es el Amortiguador de Orden. Ahora la prioridad se monitorea con los amortiguadores de orden. En producción no ven ningún cambio porque siguen viendo órdenes con colores para juzgar las prioridades.

Gráficamente se ve así:

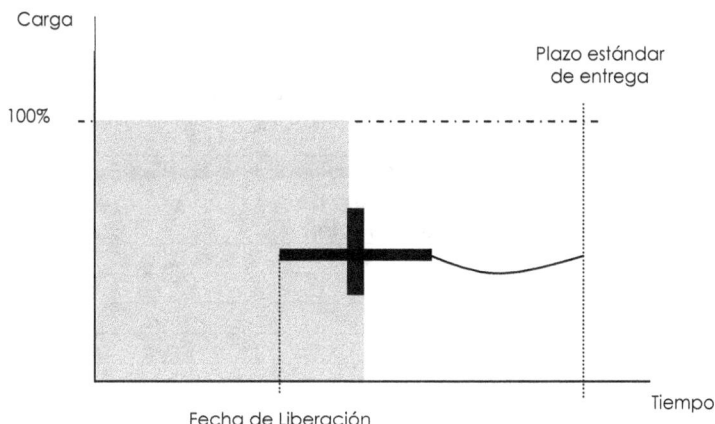

La orden azul se sitúa justo después de la última orden vendida. En este caso la orden azul es el frente de carga.

En régimen, la liberación ocurre medio amortiguador antes que el momento que uno espera tener la orden en el recurso más restringido de capacidad. De esta manera, la gran mayoría de las órdenes llegarán amarillas al final y algunas pueden llegar rojas, pero no atrasadas.

El tiempo extra entre la orden azul más medio amortiguador y el plazo estándar de entrega es el amortiguador de orden, que es el que se usa para asignar prioridades.

De este modo, no importa el orden en que los pedidos entren a producción, las prioridades acelerarán o retrasarán las órdenes, reorganizando la secuencia en que deben ser procesadas.

Ahora ya tiene un proceso simple para programar y controlar la producción. Y más importante todavía: un proceso simple y robusto para tomar completo control del sistema comercial que vende, promete y cumple.

Resumen

Para programar y controlar una planta productiva, deben conocerse o estimarse relativamente bien dos cosas primero:

- La capacidad productiva.
- El tiempo de producción promedio de cada producto.

Con esta información se puede construir el sistema. Lo primero es separar los productos en familias dependiendo de sus tiempos promedio de producción. A continuación a cada familia asignarle un Amortiguador de Producción igual a la mitad del tiempo promedio de producción actual. Ejemplo:

Producto	Tiempo promedio de producción	Familia	Amortiguador de Producción
Perno 5x1	55	50	25
Perno 4x2	45	50	25
Tornillo 1x3	35	30	15
Roscalata 2x2	22	30	15
Tuerca 1/2	53	50	25

En la implementación deben distinguirse dos etapas: transición y régimen. Y en régimen se puede aplicar mejora continua, no antes.

Para la transición:

ACCIÓN 1: Para todas las órdenes actuales se calcula su Fecha de Liberación, que es la Fecha Prometida menos un Amortiguador de Producción. Todas las órdenes cuya fecha de liberación no haya llegado, se congela su procesamiento hasta que le llegue dicha fecha (no importando donde se encuentre el material).

ACCIÓN 2: Se establece como único sistema de prioridades el basado en los colores del estado de consumo de los amortiguadores.

Para el régimen:

ACCIÓN 3: Con las órdenes restringidas es muy fácil detectar cuellos de botella y tomar las acciones para removerlos en forma efectiva. Los cuellos de botella son simplemente aquellos centros de trabajo donde se acumulan colas de más de dos días de trabajo.

ACCIÓN 4: La carga de fábrica se va llenando en orden de acuerdo con la capacidad productiva. Para órdenes nuevas, se calcula cuál es el último espacio disponible, se agrega la orden y se le suma medio amortiguador de producción. Esto da la fecha más próxima de entrega y se compara con el plazo estándar del mercado. Al cliente se le promete lo que sea más tardío entre los dos. La fecha de liberación es un amortiguador antes que la fecha más temprana calculada. El amortiguador de orden es la diferencia entre la fecha prometida y la fecha de liberación.

Para la mejora continua:

ACCIÓN 5: Si todas las órdenes terminan en verde o amarillo, el amortiguador de producción está demasiado grande. Se puede reducir paulatinamente hasta que aparezcan órdenes en rojo. El número óptimo es el 5% en rojo. Mayor que eso puede provocar caos por colas que crecen sin control, y menos que eso indica que tenemos demasiado WIP.

ACCIÓN 6: Para las órdenes que tomen color rojo, se recopila una estadística de dónde está la orden atascada y la razón del atraso. Esta estadística, aplicando el principio de Pareto (80/20) permite focalizar los esfuerzos de mejora, usando técnicas para reducir la variabilidad (6-sigma, LEAN). Volver a la acción 5.

Para planear aumento de capacidad:

Cuando las ventas van creciendo, el frente de carga avanza hacia la derecha. En algún momento las fechas prometidas serán mayores que el plazo estándar del mercado, lo que puede llevar a perder clientes. La acción para aumentar capacidad sin inversiones es aumentar al máximo de 20 turnos de 8 horas semanales. Un turno se requiere para mantenimiento y otros servicios a la planta. Una vez agotado este recurso, se requiere más capacidad. La manera metódica de hacer el incremento es:

ACCIÓN 7: Se monitorea la velocidad de avance del frente de carga y se estima el momento en que se requerirá más capacidad. Mientras, se toman todas las acciones de preparación que no requieran invertir (pedir catálogos y presupuestos, planear layout, etc.)

ACCIÓN 8: Se ejecuta el plan de expansión con tiempo suficiente. Se mantiene permanente el ciclo con la acción 7.

Nota final: Si el objetivo es ofrecer solamente confiabilidad, muchas veces se consideran innecesarias las acciones de mejora continua. Sin embargo, realizarlas ayuda a mantener el frente de carga alejado del plazo estándar de entrega más tiempo. En ocasiones también se logra liberar más capacidad. Tal vez no sea significativo, pero sin duda es mejor.

Administración de la distribución

Lo primero es fijar los límites del área de distribución:

- Suponemos que producción ya hace bien su trabajo y entrega los productos terminados a la bodega según las órdenes que alguien más le entrega.

La función de distribución consiste en mantener disponibilidad de materias primas en la bodega previa a producción y disponibilidad de productos terminados en la bodega de despacho.

¿Y el transporte a los clientes? Veremos que los mismos principios que usemos para abastecer la bodega de despacho son replicables hacia el resto de los eslabones de la cadena de suministro: centros de distribución, bodegas regionales y puntos de venta. Por lo tanto, empezaremos simplemente con abastecer la bodega de la fábrica y luego propagaremos la solución hacia el resto de la cadena.

¿No tiene una bodega de fábrica? No importa, para esta discusión considere que sí la tiene. Después puede tomar la decisión de tenerla o no.

Mantener disponibilidad

Veamos primero el caso de la bodega de productos terminados. Vamos a suponer que usted produce productos estándares que pueden ser usados por muchos clientes. Si su caso es que sus productos son a pedido entonces requiere resolver el problema de entregar a tiempo sus órdenes y esto fue tratado en el capítulo sobre la producción.

Entonces usted tiene una lista de productos que vende y puede tenerlos disponibles en su bodega para entrega inmediata. En logística a cada referencia se le dice SKU[35]. Una camisa de un modelo específico tiene un SKU por cada color y cada talla. La disponibilidad de una camisa roja de talla 15 no sirve para satisfacer un requerimiento por la misma camisa pero en azul o en talla 16.

---

[35] SKU: Stock Keeping Unit o unidad de mantenimiento de stock.

La disponibilidad es por cada SKU individualmente.

Si lo tiene disponible lo puede vender. Si no, pierde la venta. Si este no es el caso, entonces tiene la situación de recibir pedidos con tolerancia de espera más larga que su tiempo de entrega en producción. Para la discusión de este capítulo supondremos que no opera por pedido con fecha de entrega sino que está obligado a mantener inventario para entrega inmediata.

Definamos entonces disponibilidad.

Disponibilidad: *Un SKU está disponible si está en la bodega en cantidad suficiente para satisfacer cualquier requerimiento razonable.*

En esta definición, la palabra que puede complicar las cosas es "razonable". Definámosla también. Es razonable esperar que la demanda un día no sea inesperadamente muchas veces más que la demanda promedio. Inesperadamente significa que no estoy hablando de temporadas previsibles (navidad u otros eventos conocidos de gran consumo). Para esos eventos que se conocen, podremos tomar acciones para prevenirlos.

Entonces, la función de nuestra área de distribución es en primer lugar tener disponible todos los SKU en la bodega.

Tiempo de reposición

Veamos de qué manera se comporta un SKU a lo largo del tiempo en la bodega.

Tenemos cierta cantidad, se va consumiendo con las ventas y se repone mediante la fabricación.

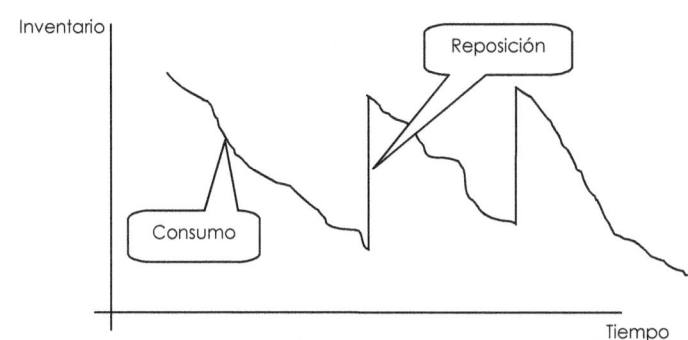

La reposición ocurre cuando llega el producto a la bodega. Y esto ocurre cuando producción lo entrega, lo que demora un determinado tiempo de producción, al que llamaremos LTP (lead time de producción).

Entre dos reposiciones transcurre un tiempo donde no se recibe nada de producto, por lo que el inventario al principio del periodo debe ser suficiente para garantizar la disponibilidad para todo ese tiempo.

Cuando definimos la disponibilidad dijimos que cada SKU debe tener en todo momento inventario suficiente para satisfacer cualquier demanda razonable.

Según la experiencia de todos nosotros, la demanda por un SKU no es constante todos los días, ¿cierto? Un día puede ser 20 unidades y otro 25 y otro 15. Una demanda razonable no es poder satisfacer el promedio si no que es razonable esperar el máximo en cualquier día, pero no sabemos cuándo.

En el caso más extremo, podríamos tener el máximo de consumo del año por varios días seguidos. Entonces la cantidad que debemos tener en la bodega debe ser suficiente para satisfacer el máximo consumo dentro del tiempo que transcurre entre que se repone una vez y la siguiente.

Finalmente vemos que también es razonable pensar que el tiempo de producción puede variar, por lo que el inventario debe ser suficiente para tener disponibilidad dentro del máximo tiempo entre una reposición y otra.

El tiempo que transcurre entre una reposición y otra se llama Tiempo de Reposición (TR) y se compone de dos tiempos distintos. Veamos el gráfico nuevamente:

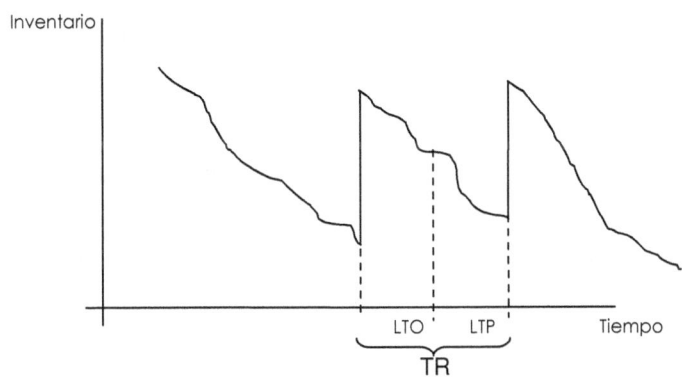

LTO: Lead Time de Orden

LTP: Lead Time de Producción

El LTO es el tiempo que se deja pasar desde la última orden hasta poner la siguiente orden de producción.

El LTP es el tiempo que demora una orden de producción en producir una reposición.

Este análisis supone que una vez que se puso una orden, no se pone ninguna otra hasta que no se recibe la anterior. Es claro que nada impide poner más órdenes de producción mientras esperamos las anteriores. Veremos este caso más adelante.

Volvamos a revisar la definición de la cantidad suficiente para tener disponibilidad:

Inventario suficiente para satisfacer el máximo consumo esperado dentro del máximo tiempo de reposición.

Si el TR se compone del LTO y del LTP, analicemos cada uno de estos tiempos.

El LTP está analizado en el capítulo sobre producción y es una cantidad relativamente constante para cada producto. De hecho, aplicando la solución sugerida en ese capítulo, podemos asumir que es constante, porque la solución mostrada en ese capítulo asegura la entrega a tiempo.

El LTO es una decisión del responsable de planificar la producción. Una de las herramientas más conocidas y usadas para determinar este tiempo es el método de MIN/MAX, mínimo y máximo.

El método MIN/MAX conduce a errores en el inventario

El MIN/MAX dice que tomando en cuenta el costo de almacenamiento, probabilidad de obsolescencia y presupuesto para invertir en inventario, se determina el máximo inventario que se debe tener en la bodega de cada SKU. Y se determina un mínimo aceptable que incluya un stock de seguridad suficiente para satisfacer la demanda durante el LTP. Cuando el inventario llega al mínimo, se genera una orden para completar el máximo.

Veámoslo gráficamente:

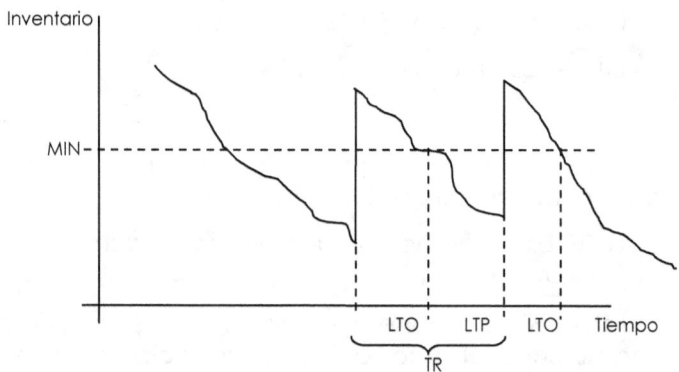

En el gráfico vemos que el consumo entre orden y orden no es exactamente igual, por lo tanto al fijar el punto de reorden basado en un mínimo de inventario, hacemos que el LTO sea variable.

Con un LTO variable, el TR es también variable. Lo que implica un elemento de incertidumbre adicional al cálculo del inventario suficiente para tener disponibilidad. De hecho, si el "nivel suficiente" es mayor que el real de bodega, tendremos alta probabilidad de quiebres; si es menor, tendremos acumulado producto en exceso. Esto último no suena tan mal hasta que nos damos cuenta que en realidad eso significa haber usado la capacidad de producción en algo de menor prioridad que otros productos que sí tuvieron quiebres.

Esto nos muestra que el método MIN/MAX conduce a mayores inventarios, o a tener quiebres de stock. ¿No es la experiencia de la mayoría que los quiebres de stock son frecuentes o que lo frecuente es el sobrestock? Esta es la explicación.

Cambio a reponer el consumo

El primer cambio al método MIN/MAX es fijar el LTO, digamos 7 días. De esta manera tenemos un TR fijo, lo que deja como problema solamente la variabilidad del consumo.

Lo que nos lleva a la siguiente práctica extendida en el mundo de la logística.

Es de conocimiento común y enseñado en la mayoría de las universidades que para calcular el inventario necesario en la bodega se debe hacer un pronóstico de la demanda del siguiente periodo.

Si hay algo en lo que todo el mundo está de acuerdo es que un pronóstico es por definición inexacto. Por eso tantos esfuerzos por mejorar los pronósticos. Se han desarrollado modelos cada vez más sofisticados: series de tiempo, con estacionalidad, con crecimiento, modelos ARIMA[36], y varios más.

Pero siguen produciéndose los dos problemas de tener pronósticos inexactos: sobrestock y quiebres de stock.

Para entender porqué estos dos problemas se han vuelto crónicos, veamos el conflicto que enfrenta el fabricante, que tiene decenas, cientos o miles de SKU que mantener en su bodega:

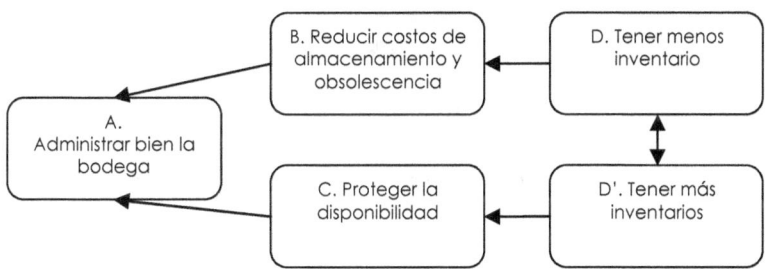

Tener menos inventarios es necesario para reducir los costos y la obsolescencia porque más inventarios incrementan la inversión, los costos de manejo y la probabilidad de obsolescencia.

Tener más inventarios es necesario para proteger la disponibilidad por tres motivos:

- Los pronósticos no son exactos y se requiere el máximo.

---

[36] ARIMA: Auto Regresive Moving Average.

- El tiempo de reposición es largo y el máximo debe mantenerse más tiempo.

- La producción no es confiable.

El capítulo sobre producción resuelve el tema de la confiabilidad.

Los dos primeros motivos juntos provocan que el "máximo consumo pronosticado dentro del tiempo de reposición" para cada SKU sea un número que supera la disponibilidad de dinero y de espacio en la bodega. Es por esto que se produce el problema.

La nube se evapora y el problema se resuelve si logramos reducir el TR al punto que la suma de todos los máximos esté dentro de las posibilidades de la empresa para invertir y almacenar.

Para el fabricante el TR se compone del LTO y del LTP. Ahora es el momento de revisar qué relación tienen estos dos tiempos cuando nos damos la libertad de poner órdenes incluso antes de recibir la anterior.

Veamos gráficamente cómo se ve esta situación:

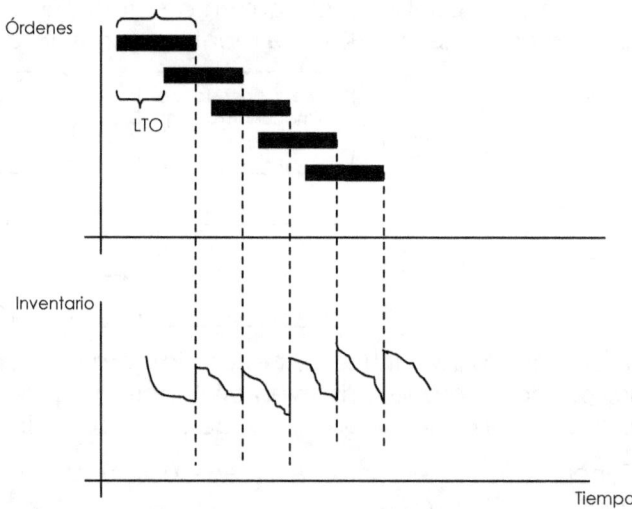

El LTO está fijado como primera parte de la solución. Ahora es evidente que la cantidad que estará disponible en la bodega depende exclusivamente del LTO. Pero si sumamos las cantidades de la distintas órdenes simultáneas que todavía no se han entregado, vemos que el "inventario en camino", lo que llamamos inventario en proceso en el capítulo de producción, depende del LTP.

Recordemos ahora el método MIN/MAX. Al fijar el LTO ya no tenemos un mínimo que gatille una orden. Cada orden se pone cada cierto tiempo fijo. Todavía falta decidir la cantidad a reponer en cada orden. Si seguimos la lógica de MIN/MAX, la cantidad será la necesaria para completar el máximo predeterminado.

Esto significa que cada vez que se ponga una orden se va a reponer la cantidad consumida desde la última vez que se puso una orden. Veamos esto matemáticamente.

Digámosle MAX al máximo. A lo que está en proceso le diremos WIP. Y lo que está en la bodega le diremos STOCK.

Si suponemos que hemos procedido de acuerdo con MIN/MAX, entonces:

$$MAX = STOCK + WIP + Consumo \quad (1)$$

Cuando se cumple el momento de poner otra orden, la regla de MIN/MAX dice que debe completarse el máximo, pero considerando lo que viene en camino:

$$ORDEN = MAX - WIP - STOCK \quad (2)$$

Es decir, para completar el máximo u objetivo, debemos calcular MAX menos el STOCK y a esa cantidad restarle lo que viene en camino.

La fórmula (1) nos dice que:

$$Consumo = MAX - WIP - STOCK$$

Este resultado comparado con la fórmula (2) entonces dice que la cantidad a ordenar cada LTO es igual al consumo desde la última orden.

Las consecuencias que esto tiene para la fábrica son:

- Mientras menor sea el LTO, menor será la cantidad que se requiere en la bodega para lograr disponibilidad.

- Mientras menor sea el LTP menor será el inventario en proceso dentro de la fábrica.

Lo que es obvio ahora es que reducir el LTO reduce los requerimientos de dinero y espacio en bodega hasta el punto que el problema se resuelve.

Pero reducir el LTO tiene una consecuencia que muchos fabricantes consideran muy negativa: se reduce el lote de producción de cada SKU. Y esto es negativo porque obliga a hacer más preparaciones en todas las máquinas y procesos.

Si el tiempo de preparación es pequeño, este efecto negativo no existe en realidad. En el caso de que los tiempos de preparación sean largos, en el capítulo destinado a la producción ya se discutió cómo resolverlo.

En el caso de que se requiera de lotes mínimos de producción, el efecto es que se recibirán cantidades en la bodega mayores que el máximo, por lo que no se generarán órdenes de reposición durante un tiempo, mientras el inventario esté sobre el objetivo.

Lo que estábamos buscando es un mecanismo que nos diga cuándo y cuánto reponer de cada SKU de modo de mantener el mínimo inventario en bodega que provea la disponibilidad que queremos.

El cuándo depende del LTO, que debe ser el mínimo posible. El cuánto está determinado por construcción: una vez decidido el nivel máximo, al que desde ahora llamaremos Amortiguador de Inventario, la cantidad a reponer es exactamente lo que se consumió desde la última orden.

Resumamos lo que tenemos:

- Con ciertas técnicas hemos calculado el valor Máximo que debemos mantener en la bodega teniendo en cuenta el consumo promedio, su variación y el Lead Time de Orden (LTO).

- La fábrica recibe órdenes cada cierto tiempo fijo, LTO, por las cantidades exactas que se consumieron desde la última orden.

- Si se reduce el LTO, se puede reducir el máximo o amortiguador, lo que reduce la inversión y el espacio.

Mecanismo para ajustar el Amortiguador

El sistema es simple y funciona bien siempre y cuando la tasa de consumo no varíe mucho.

Le diremos *Amortiguador de Inventario* al Máximo calculado anteriormente.

¿Qué pasa si un SKU se empieza a consumir al doble de lo que se consumía cuando se calculó el amortiguador?

Lo más probable es que el nivel de inventario no sea suficiente y se produzcan quiebres de stock.

¿Qué pasa si el consumo baja a la mitad?

Entonces tendremos exceso de inventario de ese SKU y no queremos usar la capacidad de producción en reponer más de él.

Necesitamos un mecanismo que ajuste dinámicamente el amortiguador para que sea adecuado siempre, de modo de lograr el mínimo inventario suficiente que provea la disponibilidad.

Debemos recalcular los amortiguadores cada cierto tiempo con los sistemas de pronóstico disponibles. Ya sabemos que mientras mayor sea el horizonte a pronosticar, menos exactos serán los pronósticos. Es decir, conviene reducir al mínimo también el tiempo para recalcular los amortiguadores.

Con la potencia de los computadores esto no presenta ninguna dificultad práctica para ser realizado a diario. La pregunta es cuál método usar.

Si uno va a pronosticar todos los días, la información que requiere no es la de meses. Basta la de los días anteriores. El mecanismo más simple para pronósticos diarios y que tiene suficiente exactitud es el promedio móvil.

Usemos ese concepto pero simplificando más todavía el mecanismo. Es lo que en TOC se llama Administración de Amortiguadores Dinámicos.

En vez de estar recalculando los consumos y multiplicar eso por el horizonte de reposición y factorizarlo para calcular el máximo; hagamos los cálculos directamente sobre el valor del amortiguador, ajustándolo con la tendencia.

Si vemos que la tendencia es a aumentar el consumo, basta con elevar el amortiguador. Un aumento del amortiguador en 20 unidades genera una orden de 20 unidades, extra al consumo. Si la tendencia es a disminuir el consumo, el amortiguador se reduce, lo que provoca reducir las cantidades a reponer, incluso a cero.

Veamos de qué manera se resuelve en TOC:

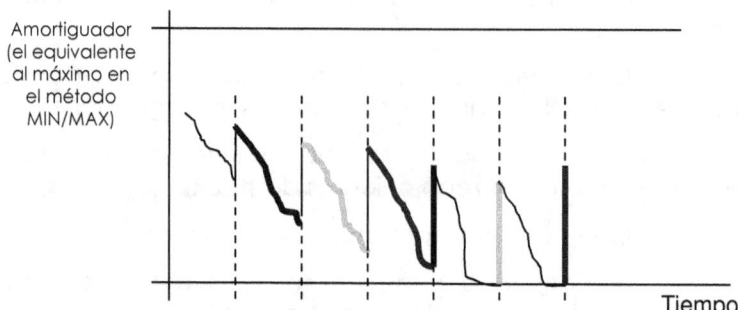

Cada periodo puede ser una semana. Las órdenes se ponen semanalmente y se demoran dos semanas en recibirse. El consumo azul fue repuesto con la reposición azul; el verde con la reposición verde; y el rojo oscuro con la reposición correspondiente.

En este caso vemos que al tener el consumo azul y el verde ya se veía venir que el inventario no iba a ser suficiente en las siguientes semanas.

En las últimas dos semanas hubo quiebre de stock. Necesitábamos más stock.

Veamos cómo es la solución de TOC:

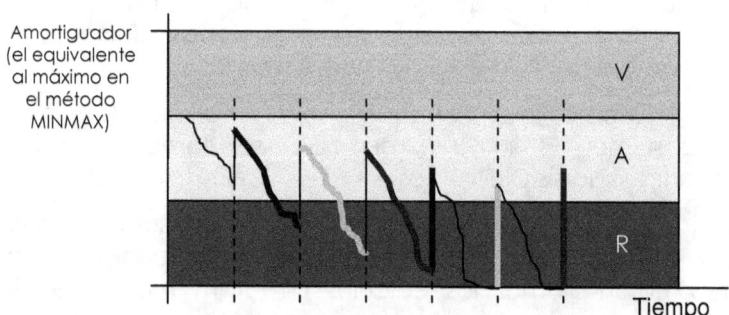

Se distinguen tres zonas para el estado del stock en el punto de orden. Cuando el stock ha llegado frecuentemente a la zona roja, esto significa peligro de quiebre. En ese momento se incrementa el amortiguador. En la práctica se ha visto en la gran mayoría de los casos que incrementar el amortiguador una zona es suficientemente bueno para responder al cambio.

Como ya se dijo, un incremento del amortiguador genera una orden igual que se suma a la orden generada por el consumo:

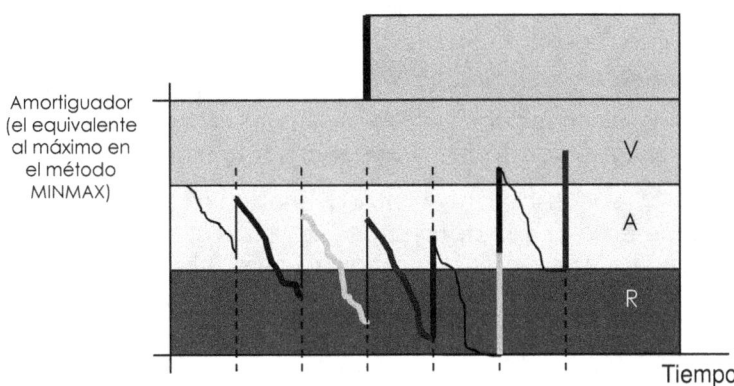

Después del consumo verde observamos dos veces rojo y decidimos incrementar una zona. El incremento representado por la línea negra gruesa se recibe junto con la reposición verde. Si el consumo se estabiliza en ese nivel veremos que el stock se mantiene en el amarillo, en la zona estable.

El gráfico ajustado se ve así:

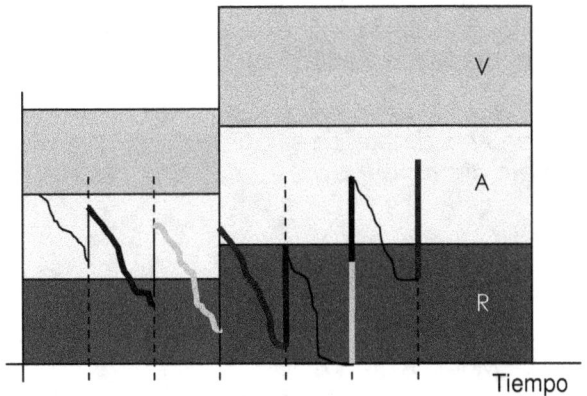

Si en las siguientes semanas se vuelve a entrar al rojo, vuelve a incrementarse el amortiguador, hasta lograr la estabilidad en la zona amarilla.

Nótese que el incremento de una zona completa hace que los ajustes al incremento de la demanda responden exponencialmente más rápido, como precisamente queremos que ocurra.

No debe incrementarse nuevamente el amortiguador hasta después de haber recibido el anterior para que le dé tiempo al sistema a mostrar el efecto del último ajuste.

En forma similar, si el stock se mantiene demasiado en el nivel verde, se reduce una zona. Como en este caso el stock queda sobre el amortiguador, no se genera ninguna reposición.

Debe esperarse hasta que el stock entre a la zona verde nuevamente antes de ajustarlo de nuevo, porque si reducimos el inventario semana a semana que el stock está sobre el amortiguador, no se generará ninguna reposición y se puede reducir hasta cero, lo que es incorrecto, porque si hay consumo, se requiere inventario.

Nótese que no ajustar el amortiguador mientras el stock esté sobre el verde no tiene ninguna consecuencia negativa porque de hecho no hay órdenes de reposición para ese SKU.

La reducción de una zona cuando se observa una disminución en la demanda tiene el efecto inverso a los incrementos: ahora la reducción es cada vez más lenta, que es lo que queremos; no reducir demasiado rápido el amortiguador poniendo en peligro la disponibilidad.

Este simple mecanismo puede programarse fácilmente en un software aparte que lea los datos de inventario y genere las órdenes de producción.

La administración de amortiguadores dinámicos es un mecanismo simple que logra el mínimo inventario suficiente para proveer disponibilidad.

Eventos de Gran Consumo

Muchas industrias tienen eventos predecibles de gran consumo: navidad, día del niño, etc.

El mecanismo para responder a esos eventos es planificar incrementos paulatinos del amortiguador de los SKU afectados por la temporada unas semanas antes del consumo esperado. Y unas semanas antes del término de la temporada, se reducen de una vez los amortiguadores a los niveles originales, dejando que el sistema siga ajustándose solo.

Los incrementos deben ser paulatinos, en varias tandas, porque un incremento brusco de muchos amortiguadores provoca una sobredemanda sobre la producción, que provoca demasiados rojos en el inventario, que lleva a una espiral que no deseamos.

La reducción puede hacerse de una sola vez porque no provoca ningún efecto negativo el que la fábrica tenga un periodo de baja demanda una vez pasada la temporada. ¿No es eso lo que hoy ocurre?... Claro que sí, pero sumándole caos.

Manejo de la Materia Prima

Todo lo que hemos discutido hasta ahora es totalmente aplicable al abastecimiento de la materia prima. Se determinan amortiguadores para cada SKU de materia prima, se determina un tiempo fijo para poner órdenes de compra y la administración de los amortiguadores dinámicos logra el resto.

Si se requieren materias primas para los eventos de gran consumo, se replica lo que se hizo para los productos. En esto se aplica la lógica del MRP.

Manejo de Bodegas Regionales y Puntos de Venta

La misma lógica aplica en los siguientes eslabones. Ahora el LTP es el tiempo de transporte desde la bodega de fábrica. Y no habiendo consideraciones de lotes mínimos tan fuertes como en producción, el LTO puede reducirse a un día, manteniendo inventarios muchísimos más bajos en esas bodegas que en la bodega de fábrica.

Ya hablamos de lo poco exacto que es el pronóstico en general. Veamos ahora otro aspecto que tiene mucha importancia para los siguientes eslabones.

Si consideramos un punto de venta que atiende a una población de 20.000 habitantes, el consumo de un SKU en particular tiene cierta variabilidad.

Una bodega regional que abastece a 100 puntos de venta atiende a una población de 2.000.000 de personas, por lo que el consumo del mismo SKU tiene una variabilidad muy inferior a la que ve el punto de venta.

Relacionemos este hecho con lo que ya sabemos. Si el inventario suficiente es el necesario para satisfacer el máximo consumo pronosticado dentro del tiempo de reposición, entonces mientras menor sea la población atendida, mayor será el inventario necesario para proveer disponibilidad, porque el máximo será proporcionalmente mucho mayor que el promedio de consumo mientras mayor sea la variabilidad.

La situación actual es que las tiendas ponen órdenes de compra para reponer inventario cada dos semanas o un mes[37]. Con un LTO de 15 o 30 o más días, no es de extrañar que las tiendas sufran de sobrestock al mismo tiempo que les faltan muchos productos, perdiendo muchísimas ventas.

Si reducimos el tiempo de orden al mínimo, el inventario necesario se reduce a niveles que las tiendas pueden soportar, logrando la disponibilidad con mucho menos inventario que en la situación actual.

Resumen

El verdadero cambio es de un modo de operación basado en pronósticos a uno basado en el consumo real.

El MIN/MAX es un sistema basado en pronósticos y además, para calcular sus parámetros, no tiene en cuenta el tiempo de reposición, que es el componente principal del inventario necesario.

El proceso simple y robusto en este caso es:

ACCIÓN 1: Establecer la bodega de fábrica.

ACCIÓN 2: Calcular los inventarios iniciales, basándose en los promedios históricos y el tiempo de producción esperado. Si ya

---

[37] Incluso cuando la tienda pone pedidos diarios, la frecuencia de pedido del mismo SKU es cada dos semanas o más.

hay inventario, este se descuenta de las órdenes iniciales. Si se está partiendo de cero, debe planearse con cuidado esta construcción de inventario para no dañar el servicio a clientes a pedido actuales.

ACCIÓN 3: Establecer un tiempo fijo para activar órdenes de producción y reponer únicamente lo consumido desde la última orden.

ACCIÓN 4: Establecer el mecanismo para ajustar dinámicamente los amortiguadores de la bodega.

ACCIÓN 5: Si se tienen bodegas regionales, replicar el modelo teniendo en cuenta los nuevos tiempos de reposición. Es posible que en las bodegas regionales haya sobrestock según el nuevo sistema. La recomendación es traerlo a la bodega de fábrica y reevaluar la acción 2.

Procesos de Pensamiento de Goldratt

Procesos de Negocio

Durante siglos el hombre produjo artesanalmente los utensilios con que trabajó y, a su vez, el trabajo realizado con estos utensilios fue artesanal también: cada producto era elaborado como pieza única.

El proceso se transmitía del maestro al aprendiz, pero rara vez quedaba registrado y es improbable que entre artesanos se transmitieran experiencias mutuas para mejorar los procesos comunes.

A fines del siglo XIX y durante el siglo XX se desarrollaron técnicas y maquinarias para estandarizar procesos que transformaran las materias primas en productos terminados.

Los beneficios de este desarrollo son evidentes: producción masiva de productos, dando acceso a éstos a millones de personas, reducción de costos de producción, lo que permite producir más con los mismos recursos, lográndose el crecimiento de la capacidad de dar cada vez mayor bienestar a las personas.

En la medida que las empresas empezaron a dar énfasis al servicio al cliente, incluso empresas manufactureras, la pregunta inevitable es ¿no podemos aplicar a los servicios lo que aprendimos en manufactura? La respuesta son los llamados "Procesos de Negocio".

Según wikipedia, "un proceso de negocio es un conjunto de tareas relacionadas lógicamente llevadas a cabo para lograr un resultado de negocio definido. Cada proceso de negocio tiene sus **entradas, funciones** y **salidas**. Las entradas son prerrequisitos que deben tenerse antes de que una función pueda ser aplicada. Cuando una función es aplicada a las entradas de un método, tendremos ciertas salidas resultantes."

A medida que seguimos mejorando los procesos, vamos reduciendo el esfuerzo necesario para producir más bienes y servicios.

Esto es posible porque están desarrollados y documentados los procesos de transformación, siendo esta una parte importante del conocimiento de la humanidad.

¿Cómo se generan los procesos de negocio? ¿Existirá un proceso para generarlos?

Los procesos de negocio resuelven problemas. Pero antes de tener el proceso, tenemos el problema. Si tuviéramos un proceso genérico predeterminado para transformar nuestros problemas en soluciones, podríamos extraer de ese procedimiento el proceso específico para cada situación, dejándolo documentado en el correspondiente "Proceso de Negocio".

¿Qué es un problema?

Al buscar la definición de problema en el diccionario, uno encuentra las siguientes alternativas:

1. m. Cuestión que se trata de aclarar.

2. m. Proposición o dificultad de solución dudosa.

3. m. Conjunto de hechos o circunstancias que dificultan la consecución de algún fin.

4. m. Disgusto, preocupación. U. m. en pl. *Mi hijo solo da problemas*.

5. m. Planteamiento de una situación cuya respuesta desconocida debe obtenerse a través de métodos científicos.

Las dos primeras nos sugieren que hay una falta de comunicación puesto que alguien no entiende bien alguna idea expresada por otro.

La tercera tipifica como problema a hechos de la realidad que nos bloquean para estar en una mejor situación. La cuarta es una consecuencia de cualquiera de las otras.

La quinta introduce una dirección al tratamiento de los problemas: usar el método científico. Precisamente esto haremos para buscar un procedimiento genérico aplicable a todo tipo de problemas.

Todas estas definiciones tienen en común que al pensar en problemas, pensamos en situaciones que quisiéramos cambiar.

Nuestra experiencia es que cada persona piensa distinto al enfrentar un problema, lo que es bueno para complementar visiones. Sin embargo, este hecho produce también que la comunicación se dificulte y tome bastante tiempo ponerse de acuerdo en cómo resolverlos... si es que se consigue ese acuerdo.

Si se tuviera un proceso predeterminado para transformar problemas en soluciones, y este proceso fuera compartido con la gente con la que nos relacionamos, el tiempo para lograr acuerdos y poner en práctica las soluciones se acortaría en significativamente.

Piense en el impacto que eso tendría en las organizaciones y su capacidad de producción (ambas, con o sin fines de lucro).

Los gerentes de una empresa poniéndose rápidamente de acuerdo sobre los problemas y las soluciones, generan acciones más efectivas que las acciones que se toman a diario para, precisamente, lidiar con esos problemas.

A nivel personal, las personas que lo quisieran podrían mejorar mucho más rápidamente. Por ejemplo, un niño problemático en el colegio, si tuviera esta destreza podría resolver solo sus problemas, tomando responsabilidad sobre su educación.

Otro ejemplo es el parlamento de un país, donde la gran mayoría de las veces se "negocian" leyes que no dejan a nadie plenamente satisfecho porque no se pusieron de acuerdo sobre el problema en primer lugar. Si tuvieran un mecanismo para ponerse de acuerdo sobre el problema y solamente después pensar en la solución, el trabajo legislativo sería mucho más satisfactorio para todos.

Creo que los ejemplos anteriores son suficientes como para desear tener tal proceso. Muchas personas tienen un proceso de pensamiento muy bueno (he sido testigo de ello), pero diría que es como el del artesano. Las personas pueden comparar sus resultados y a veces observar el proceso de comunicación, pero rara vez se discute sobre el proceso mismo y no es fácilmente transferible.

Pudiendo existir otras alternativas, en los próximos capítulos se expondrá en forma sistemática Los Procesos de Pensamiento de Goldratt.

¿Qué es un proceso?

Un proceso es:

- Una secuencia de pasos
- que transforma una materia prima en un producto terminado
- de una manera predecible y transferible
- que puede ser mejorado en forma continua.

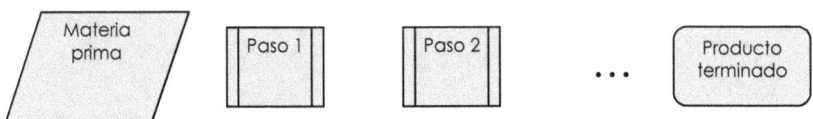

Una secuencia de pasos significa que el procedimiento es repetir siempre las mismas actividades de transformación.

La materia prima ya vimos que es lo que llamamos problema en todas sus expresiones. El producto terminado serán soluciones implementadas y dando los resultados esperados.

Si los pasos están bien diseñados y se siguen disciplinadamente, no existe razón por la que la transformación no sea predecible. Y es transferible desde el momento que son pasos predeterminados y que pueden ser enseñados.

A medida que se ejecutan los pasos se aprende como mejorar los resultados con una mejor ejecución. Y eventualmente, cada cierto tiempo, también se revisan los pasos mismos para mejorarlos.

Los Procesos de Pensamiento de Goldratt (PPG) se ajustan a esta descripción de proceso y han sido desarrollados y mejorados a través de los años.

En forma general, el proceso de transformar un problema en una solución implementada con los resultados esperados pasa por tres etapas, que se identifican con las definiciones del diccionario:

- Problema como hecho de la realidad que impide un mejor desempeño: a esto le llamaremos efecto indeseable y, como veremos, puede tomar distintas formas.

- Problema que surge de una proposición de solución

que genera dudas respecto del resultado. Esto puede llevar a que esta proposición se mejore o bien que se descarte.

- Problema entendido como obstáculo para implementar en forma efectiva una solución que ya está mejorada.

Esta clasificación en tres categorías da lugar a tres procesos distintos:

- Proceso 1: transformar un conflicto en una solución ganar-ganar.

- Proceso 2: transformar una idea promisoria en una solución completa.

- Proceso 3: transformar un objetivo deseable en un plan factible de ejecución. Las acciones que se deriven de este plan constituyen el proceso de negocio específico generado para resolver ese problema.

En los siguientes capítulos se desarrollarán cada uno de estos procesos. A continuación se verán ejemplos de aplicación práctica a casos genéricos en empresas.

Proceso 1: Encontrar una Solución de Ganar-Ganar

Cada vez que nos encontramos con algo que nos molesta o nos produce preocupación, surgen reacciones emocionales ante el hecho y a veces describimos el problema a través de un juicio que hacemos nosotros de la realidad o expresamos una culpa –"Fulano hace mal su trabajo", "no podemos competir contra ese precio".

Primer paso: Objetivar

Lo primero que debemos hacer es describir un hecho objetivo de la realidad que sea el que nos molesta. Si no podemos escribir una frase que exprese un hecho objetivo, ¿es cierto que tenemos un problema real? Y para que nos moleste, debe ser un hecho de ocurrencia frecuente.

Segundo paso: Comprender el daño

Cuando ya tenemos escrito este hecho, debemos comprender en forma simple porqué representa un problema. Debemos identificar qué necesidad importante para nosotros se ve dañada por la existencia de ese hecho. Este es el segundo paso. Mientras no seamos capaces de escribir una frase que exprese una necesidad importante para nosotros que se ponga en peligro por la existencia del problema, no hemos comprendido porqué ese hecho es un problema para nosotros. Asignaremos la letra B a esta necesidad. Más adelante se verá para qué asignar letras.

Tercer paso: Comprender qué control tenemos sobre el problema

Siendo que el hecho es un problema y comprendemos de qué modo nos hace daño, deben existir acciones que podríamos tomar para evitar que siga ocurriendo. Lo más probable es que hayamos probado varias. En este paso hay que elegir la acción que creemos que mejor elimina el hecho. El tercer paso es escribir la acción que nosotros creemos es la mejor para eliminar el hecho. A esta acción se le asigna la letra D.

Cuarto paso: Comprender la persistencia del problema

Si hemos sido capaces de escribir una acción para eliminar el hecho, y reconocemos que sin embargo sigue ocurriendo con frecuencia, debemos comprender qué otra necesidad importante para nosotros se daña cuando emprendemos esa acción en forma continuada o frecuente. A esta necesidad se le asigna la letra C. En este cuarto paso comprendemos porqué el problema es crónico o al menos porqué existe: hay dos acciones contrapuestas que nos vemos presionados a emprender, cada una de ellas con una justificación en la necesidad que queremos satisfacer o proteger.

Quinto paso: Comprender el objetivo en peligro

Hemos enunciado dos necesidades que queremos proteger. ¿Por qué las queremos proteger? ¿Qué es lo que se pone en peligro si una de esas necesidades no es satisfecha? La respuesta a esta pregunta es lo que llamaremos el objetivo o necesidad superior. A este objetivo le asignaremos la letra A.

La letra D' se reserva para la acción contraria a la acción D.

La construcción de la Nube de Conflicto

Con las letras asignadas podemos construir un diagrama lógico de cinco componentes llamado la Nube de Conflicto[38], para luego evaporarla.

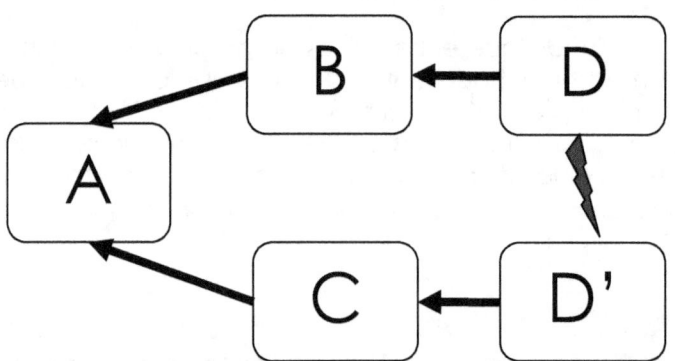

Este diagrama simple representa el conflicto que da origen al hecho objetivo que hemos llamado problema.

Se lee de izquierda a derecha mostrando las relaciones

---

[38] El nombre de este método fue dado por el Dr. Goldratt en honor de Richard Bach. En su libro Ilusiones, Bach hacía que su personaje Don Shimoda evaporara las nubes del cielo con el pensamiento (capítulo 10). El Dr. Goldratt consideró muy apropiada la metáfora porque un conflicto es una nube que puede evaporarse con la fuerza de la mente.

entre los distintos elementos.

"Para" A, "es necesario" B, "y para" B "es necesario" D; "por otro lado,"

"Para" A, "es necesario" C, "y para" C "es necesario" D'.

Un ejemplo ayudará a entender cómo aplicar los pasos y cómo leer la nube resultante.

Usaremos como ejemplo un caso que es analizado en el capítulo de distribución, donde se presenta la solución también.

Ejemplo de Nube

Cuando le preguntamos a cualquier persona que tenga asegurar disponibilidad de un conjunto numeroso de artículos diferentes, siempre veremos que enfrenta un dilema.

Este es un caso muy cotidiano. En una casa, sus habitantes esperan tener disponibles una gran cantidad de artículos sin tener que salir a comprarlos en el momento: jabón, pan, leche, etc., etc.

Si uno ya tiene experiencia con la despensa familiar, piense ahora el dolor de cabeza que significa garantizar la disponibilidad en un supermercado, donde la cantidad de artículos diferentes superan los 30.000, y además no se sabe con certeza cuánto de cada uno vendrán a comprar los consumidores.

Apliquemos nuestro proceso. Primero recordemos los pasos y luego los aplicamos:

- Primer paso: Objetivar

- Segundo paso: Comprender el daño

- Tercer paso: Comprender qué control tenemos sobre el problema

- Cuarto paso: Comprender la persistencia del problema

- Quinto paso: Comprender el objetivo en peligro

- La letra D' se reserva para la acción contraria a la acción D.

Primer paso: Objetivar

En una frase tenemos que expresar un hecho, que sea objetivamente de la realidad, que nos moleste y que ocurra con frecuencia. A este hecho le llamaremos *Efecto Indeseable o EIDE*.

EIDE: Frecuentemente se agotan las existencias de algunos productos.

Note que "algunos" de 30.000 son algunos miles. Digamos que es el 10% de los artículos. No siempre son los mismos artículos, pero los agotados son alrededor del 10% de todos los que deberían estar.

Segundo paso: Comprender el daño

Para que se venda un artículo, éste debe estar disponible. Esto significa que los productos agotados hacen perder ventas al supermercado.

La mayoría de los lectores estará familiarizada con el Principio de Pareto[39]. Aplicándolo a este caso, el 20% de los artículos hacen el 80% de la venta. Para comprender el daño real causado, vea que por el principio de 80/20 los productos de mayor rotación son los que hacen la mayor parte de la venta. Si se agotan esos productos, la venta perdida es mucho más que si se agotaran los de menor rotación.

Pregúntese, ¿serán de mayor rotación o de menor rotación los que se agotan? A mí me parece que si se agotan es porque rotan... Mi conclusión es que el 10% de agotados está compuesto de muchos de mayor rotación. Es decir, ese 10% de agotados hacen perder más del 30% de las ventas potenciales.

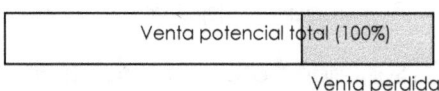

Venta potencial total (100%)

Venta perdida

En otras palabras, si pudiéramos eliminar los agotados, la venta recuperada aportaría más del 40% a las ventas actuales. Yo diría que esto es un gran daño.

---

[39] Principio de Pareto o principio del 80/20. Cuando mira un conjunto de factores independientes entre sí, el efecto neto no es causado en partes iguales por cada factor. Hay un pequeño grupo de factores que son responsables de la mayor parte del efecto. Esto se lleva a número en la sencilla regla del 20% de los factores causan el 80% del efecto.

¿Cuál es la necesidad dañada entonces? Necesitamos proteger las ventas. Esta será la entidad B: "Proteger las ventas".

Tercer paso: Comprender qué control tenemos sobre el problema

Si tener agotados es tan caro, ¿qué podemos hacer para evitarlos? Esto nos lleva a responder qué acción podemos tomar para evitar los agotados.

La única acción posible es incrementar el inventario de los que se agotaron.

La acción D: "Incrementar la inversión en inventarios".

Cuarto paso: Comprender la persistencia del problema

Si con la acción anterior hubiéramos resuelto el problema no sería un hecho frecuente. Entonces debe haber otra razón por la cual este problema persiste.

Cuando incrementamos el inventario de algunos artículos, esos dejan de ser de alta rotación para ese local en esa semana y entonces ocupan espacio innecesariamente, y personas para trasladarlos y ordenarlos en las repisas. Es decir, desperdician capacidad que debiera usarse en otros que ahora no tienen suficiente inventario.

Este es un ciclo que se repite una y otra vez. La solución podría ser incrementar los inventarios de todos los 30 mil artículos. Pero esto lleva a incrementar la inversión y el costo de operar el local, además de incrementar los costos de transporte y de tener el problema de que algunos se deterioran al punto de no poder venderlos (lo que se llama merma), lo cual pasa a engrosar el costo.

En resumen, incrementar los inventarios puede llevar a incrementar el costo a niveles que restan toda la rentabilidad, por lo que no es una acción que pueda tomarse sin causar otro daño. ¿Qué necesidad se daña en este caso? Necesitamos controlar o reducir el costo.

La entidad C: "Reducir el costo".

Quinto paso: Comprender el objetivo en peligro

Ahora que ya sabemos las dos necesidades que tenemos y que pueden estar en peligro alternativamente, dependiendo de las acciones, podemos identificar el objetivo común o superior que queremos alcanzar.

¿Qué objetivo se pone en peligro si no protegemos B y C al mismo tiempo?

¿Qué objetivo se pone en peligro si no protegemos las ventas y reducimos el costo al mismo tiempo? La rentabilidad del supermercado. Esta respuesta da la entidad A: "Tener un supermercado cada vez más rentable".

Si uno lo mira desde el punto de vista del consumidor, lo que interesa es que el supermercado no tenga presión por subir los precios por sus mayores costos, por lo que las necesidades siguen siendo las mismas.

La letra D' se reserva para la acción contraria a la acción D.

Ahora es fácil deducir D': "Reducir la inversión en inventarios".

La nube en este ejemplo

Ahora basta con trasladar las entidades a la nube reemplazando las letras y a continuación aprenderemos a leerla.

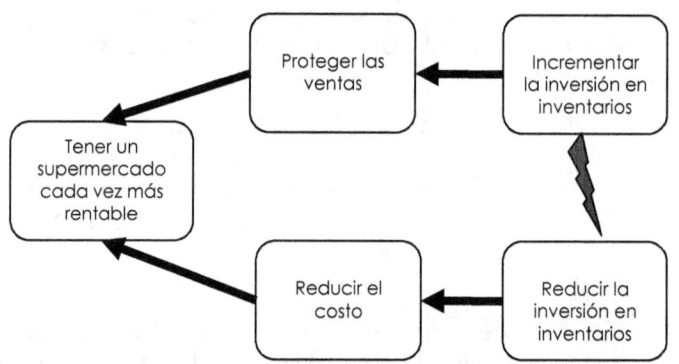

Siguiendo las instrucciones, leemos la nube de izquierda a derecha:

Para tener un supermercado cada vez más rentable es necesario proteger las ventas, y para proteger las ventas es necesario incrementar la inversión en inventarios; por otro lado, para tener un supermercado cada vez más rentable es necesario reducir el costo, y para reducir el costo es necesario reducir la inversión en inventarios.

Si al leerla tiene sentido y ha expresado en pocas palabras el dilema que enfrentamos, entonces está bien construida.

En nuestro proceso falta ahora evaporar la nube y encontrar una solución de ganar-ganar. Los siguientes pasos son los siguientes:

Sexto paso: Revelar los supuestos subyacentes

Cuando decimos que algo es necesario para un fin es porque existen razones para decirlo. Estas razones son lo que llamamos los supuestos subyacentes a las relaciones de necesidad.

Muchas veces estos supuestos no se han expresado en forma explícita y clara. Puede ser incluso que ni siquiera hayamos pensado en ellos anteriormente. Esto significa que en muchas ocasiones decimos que necesitamos algo y no podemos decir porqué.

Este paso es extraordinariamente importante en el proceso porque es el que nos ayudará a buscar una salida al dilema, sin sacrificar ninguna de las necesidades A o B.

La manera de revelar los supuestos subyacentes es contestando a la pregunta de porqué creemos que existe la necesidad expresada en la nube.

Como regla general (hay excepciones) los supuestos que interesa revelar son los que subyacen a las relaciones entre las acciones y las necesidades; entre BD y entre CD'.

Hay varias formas de hacerse la pregunta. Sugiero dos maneras aquí como guía:

a. D "es necesario para" B "porque…" y se completa la frase con el o los supuestos.

b. "La única manera de lograr" B "es" D "porque…" y se completa la frase con el o los supuestos.

Séptimo paso: Invalidar alguno de los supuestos

En el diagrama lógico la existencia del dilema se sostiene porque la relaciones de necesidad entre BD y CD' existen. Basta con anular una de las relaciones y el dilema desaparece, se evapora.

Como la relación de necesidad entre B y D depende de que sus supuestos subyacentes sean válidos, si logramos invalidarlos, también se elimina la relación de necesidad, evaporando la nube. Lo mismo ocurre entre C y D'.

Puede ocurrir que D y D' no sean contradictorias en cualquier circunstancia. En ese caso la nube también puede evaporarse al invalidar el supuesto que hace contradictorias D y D'.

Ejemplo de evaporación

Veamos en el ejemplo desarrollado cómo se aplican los dos últimos pasos.

- Sexto paso: Revelar los supuestos subyacentes

- Séptimo paso: Invalidar alguno de los supuestos

Para realizar en forma gráfica este trabajo usaremos el diagrama construido para incluir en el mismo los supuestos que vayamos revelando.

Sexto paso: Revelar los supuestos subyacentes

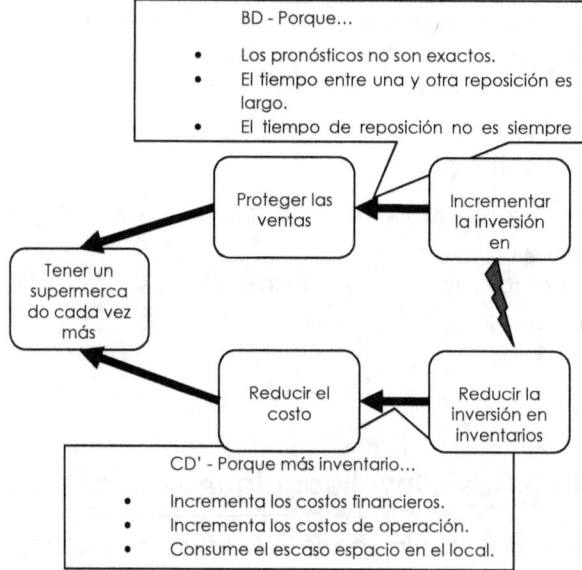

Séptimo paso: Invalidar alguno de los supuestos

Al examinar los supuestos bajo CD' vemos que esos son hechos de la realidad que no podemos alterar, excepto que consiguiéramos crédito ilimitado gratis, o gente que trabajara gratis para nosotros, o espacio ilimitado cuando quisiéramos. Está claro entonces que por este lado no hay muchas posibilidades.

Los candidatos que quedan son los supuestos bajo BD.

¿Cómo empezamos el análisis que nos permitirá invalidar alguno? Las primeras preguntas son: ¿son válidos estos supuestos bajo cualquier circunstancia? ¿Por qué son válidos hoy?

En el caso de los supuestos del ejemplo, tenemos que la causa o razón por la cual esos tres son válidos es simplemente la manera de manejar la cadena de suministro entre un punto y otro.

El supermercado debe decidir qué comprar, cuánto comprar y cuándo comprar, para cada uno de los 30.000 artículos. Como esto en el pasado era una tarea muy ardua, la práctica derivó en hacer el análisis por grupos o familias. Esto llevó a que el tiempo entre una orden y otra para el mismo artículo creciera hasta más de una semana.

Ese tiempo es precisamente el que decimos que es largo[40]. Como consecuencia, el supermercado está obligado a pronosticar cuánto necesita para satisfacer la venta antes de la siguiente reposición. Mientras mayor sea este tiempo, mayor es la probabilidad de que haya artículos con peak de demanda, lo que obliga a inflar la predicción. Esto es porque el pronóstico para más tiempo es más incierto.

Y mientras mayor sea el tiempo, mayor la probabilidad de que haya atrasos.

Entonces, lo que causa que los supuestos sean válidos es el modo de operación del supermercado de hacer lotes para hacer las compras, y distanciarlas para cada artículo. Este modo de operar se podría haber justificado en un mundo sin computadores.

La manera de invalidar los tres supuestos es precisamente cambiando el modo de operar.

Si todos los días se emitieran pedidos solamente con las cantidades vendidas, todos los días estarían llegando reposiciones de lo que se ha vendido. No se requiere pronosticar, y el inventario

---

[40] Es largo comparado con la alternativa que presentaremos para invalidar los supuestos.

necesario para garantizar la disponibilidad depende del nuevo tiempo entre órdenes, que es un día.

Es decir, el nuevo modo de operar reduce la inversión en inventarios a niveles mucho menores que los que hoy existen (que deben ser aceptables por fuerza) y al mismo tiempo se protegen las ventas. La nube fue evaporada, encontrando una solución de ganar-ganar.

Proceso 2: Refinar La Solución de Ganar-Ganar

El primer proceso nos llevó a descubrir una idea que promete muchos beneficios, pero... ¿no tiene uno la sensación de que si se deja llevar por el entusiasmo puede quedar peor que antes?

Cualquier idea nueva, por definición, va a crear nuevos efectos. Esperamos que la mayoría sean positivos. Pero podría haber efectos negativos nuevos que no quisiéramos provocar.

El siguiente proceso es precisamente el adecuado para investigar los posibles nuevos efectos negativos que podrían surgir, de modo que podamos prevenir su aparición tomando medidas preventivas.

Como siempre, el proceso tiene pasos, que seguidos en forma estricta, deben transformar una materia prima en un producto terminado.

En este caso, la materia prima es una solución de ganar-ganar y el producto terminado es la solución con todos los elementos preventivos, que aseguren los efectos positivos sin ninguno negativo.

Primer paso: Identificar un Potencial Efecto Indeseable (PEIDE)

Este paso toma ventaja de una habilidad innata de los seres humanos de criticar ideas. Si la idea es nuestra y no vemos problemas con ella, hagamos la prueba de presentarla a otros. Con seguridad dirán "sí, pero...", expresando algunos efectos negativos que podrían derivarse de la solución.

Este paso consiste en escribir un hecho objetivo (igual que en el primer proceso), que pueda ocurrir en el futuro, como consecuencia de implementar la solución, y que sea problemático por algún motivo.

Si el problema que se prevé es aceptable[41], se descarta y no se continúa.

Segundo paso: Identificar las Razones de su (potencial) Existencia

Cuando ya tenemos un efecto realmente negativo que podría surgir de nuestra solución, tenemos que hacer una lista de las razones por las cuales se produciría su existencia.

Se hace simplemente una lista de todas las razones que se nos ocurran, teniendo cuidado de que sean hechos objetivos.

Tercer paso: Clasificación de las Entidades

Nuestra lista de hechos se clasifican en dos grupos de entidades: aquellas que ya existían antes de la solución y aquellas que existirán como efecto de la solución.

A las que ya existían las llamaremos los supuestos paralelos; y a las que existirán producto de la solución las llamaremos efectos intermedios.

Cuarto paso: Construcción de la Lógica

Los efectos intermedios son los que conformarán la columna vertebral de la rama[42] negativa.

---

[41] A veces pensamos o nos presentan posibles efectos negativos que en realidad no lo son. Por ejemplo, en el caso discutido del supermercado, si se elevan las ventas en más del 40% y los costos crecen un 1%, esto no es un real problema, ¿cierto?

[42] Se le llama rama a un razonamiento lógico aislado porque se supone parte de una estructura mayor a la que hemos llamado árbol lógico.

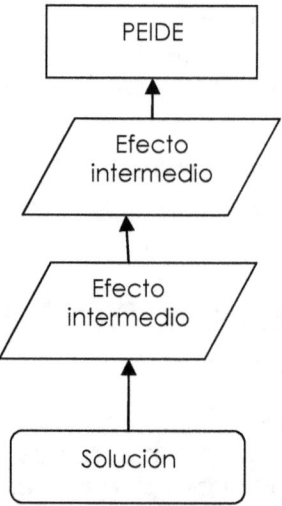

De la lista anterior se selección todos los efectos intermedios y se ordenan en su orden de aparición.

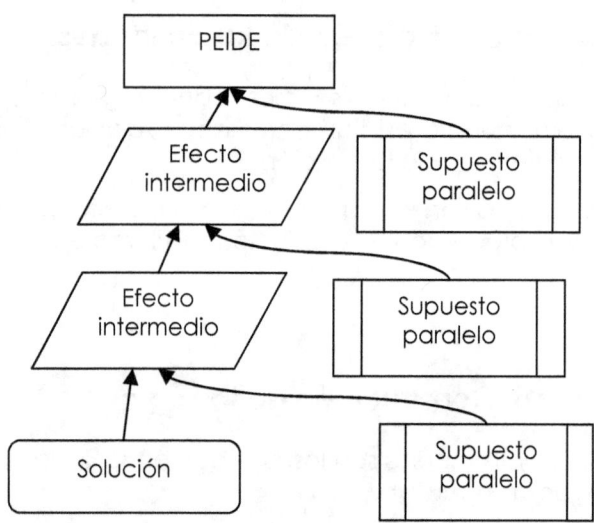

Esto se construye usando nuestra intuición para saber qué será causa y qué será efecto. Si no sabemos, entonces es mejor preguntar porque eso es síntoma de tener poca experiencia en el tema y será difícil que podamos construir una buena lógica de lo que puede venir en el futuro.

La rama se lee desde abajo hacia arriba con la lógica de

causa y efecto, "si <la causa> entonces <el efecto>".

Lo que falta para terminar la rama es incluir los supuestos paralelos. Al leer la rama de abajo hacia arriba con la lógica de "Si... Entonces..." siempre falta una explicación de porqué ese efecto es causado por esa causa.

Entonces, para cada flecha se hace la pregunta ¿por qué?, y se responde con alguno de los supuestos paralelos, completando la lógica. Es muy frecuente que la lógica requiera más supuestos que solamente surgen después de escribir la rama.

Quinto paso: Invalidar algún Supuesto Paralelo

Es evidente que los efectos son causados por la conjunción de sus causas. Basta con que una de las causas no exista para que deje de existir el efecto.

También está claro que no queremos "cortar" la rama eliminando la solución.

Entonces, la manera de evitar el efecto negativo es encontrando alguna manera de invalidar alguno de los supuestos paralelos. Si se logra hacer esto, entonces el efecto desaparece. La acción que se debe tomar para invalidar el supuesto es incorporada a la solución, "refinándola".

Este proceso se debe repetir para cada uno de los efectos negativos que se le ocurran a quienes están examinando la solución.

Ejemplo de Refinar una Solución

Usemos el mismo ejemplo usado hasta el momento. La solución que debemos examinar y refinar es:

Cambiar a un modo de operar con pedidos diarios de lo que se vende.

El proceso es:

- Primer paso: Identificar un Potencial Efecto Indeseable (PEIDE)

- Segundo paso: Identificar las Razones de su

(potencial) Existencia

- Tercer paso: Clasificación de las Entidades

- Cuarto paso: Construcción de la Lógica

- Quinto paso: Invalidar algún Supuesto Paralelo

Primer paso: Identificar un Potencial Efecto Indeseable (PEIDE)

Si cambiamos a un modo de pedir solamente lo que se vende, no sabríamos cómo empezar, qué inventarios iniciales tener. El PEIDE es no poder implementar la solución. Esto no es un efecto de implementar la solución, es un obstáculo para implementarla. Quise mostrar con un ejemplo la diferencia entre ambas cosas.

Otro efecto negativo que se me ocurre es que podría terminar con más agotados que antes. Y este es un efecto inaceptable porque derrumba la solución. Entonces escribimos el PEIDE:

Tener un número creciente de agotados

Segundo paso: Identificar las Razones de su (potencial) Existencia

La principal razón es que ahora tenemos menos inventario de todo y las personas pueden cambiar las cantidades que compran, provocando que el inventario de algunos artículos no sea suficiente ni siquiera para un día de venta.

Vamos con calma haciendo la lista, porque hay varias cosas en la frase anterior:

- El tiempo entre órdenes se reduce a un día

- El inventario necesario depende del tiempo entre órdenes

- Tenemos menos inventario

- La velocidad de venta cambia con el tiempo

Tercer paso: Clasificación de las Entidades

La lista anterior es fácilmente clasificable entre lo que ya existía y lo que se provoca con la solución.

Efectos intermedios (son nuevos)	Supuestos paralelos (existían)
• El tiempo entre órdenes se reduce a un día • Tenemos menos inventario	• El inventario necesario depende del tiempo entre órdenes • La velocidad de venta cambia con el tiempo

Cuarto paso: Construcción de la Lógica

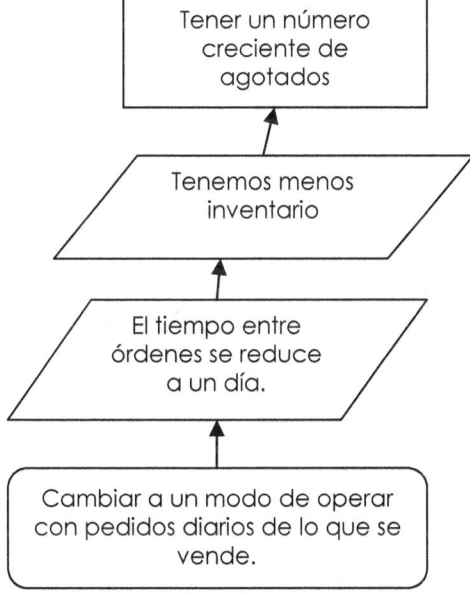

Está claro que la lógica de causalidad está bien encaminada pero algo le falta. Veamos cómo queda al insertar los supuestos paralelos:

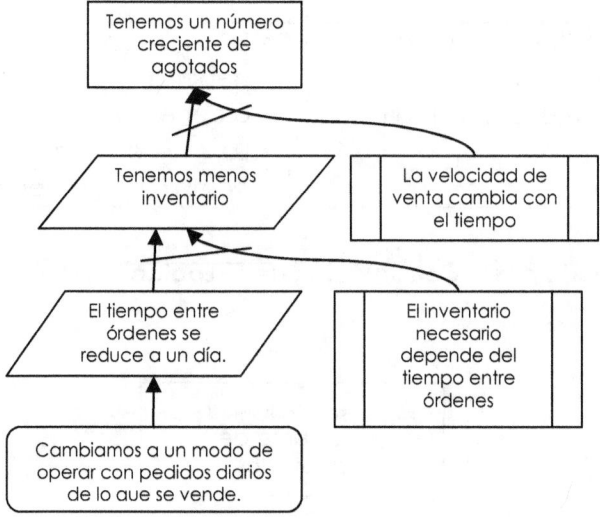

En este momento podríamos estar atorados si es que aceptáramos la lógica tal como quedó. Pero leamos la última parte y preguntemos ¿por qué?:

> Si tenemos menos inventario y la velocidad de venta cambia con el tiempo, entonces tenemos un número creciente de agotados.

¿Por qué? Porque no tenemos un sistema que ajuste el inventario con la tendencia del mercado.

La rama queda así:

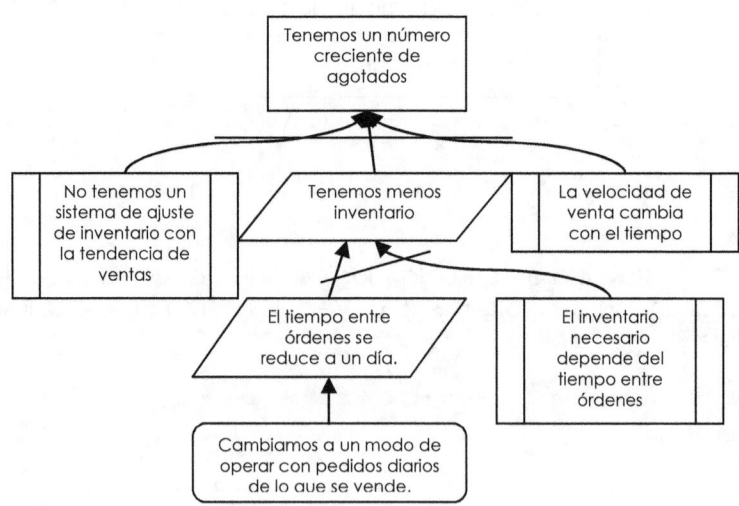

Ahora sí es clara la rama y será mejor que la cortemos de algún modo para no provocar problemas peores que los actuales.

Quinto paso: Invalidar algún Supuesto Paralelo

En este caso, el único supuesto que está bajo nuestro control invalidar es tener o no tener un sistema de ajuste de los niveles de inventario. Es obvio ahora que tal sistema es esencial para que la solución funcione. Este mecanismo fue discutido ya en el capítulo de distribución y se llama Gerencia Dinámica de Amortiguadores.

Se me ocurre una lista de potenciales efectos indeseables que quisiera resolver antes de implementar nuestra solución. Y basta con seguir el proceso una y otra vez hasta terminar de refinar la solución.

Para el caso de este ejemplo la solución completa incluye los siguientes elementos:

- Pedir a diario.

- Ajustar los niveles de inventario en forma dinámica, respondiendo a los cambios en la demanda.

- Tener un centro de distribución (para varios locales), para desacoplarse del efecto de proveedores poco confiables.

- Cuando sea aconsejable, reducir la frecuencia de despachos para reducir los costos de transporte.

Proceso 3: Superar los Obstáculos para Implementar la Solución

Ya tenemos el proceso que transforma un problema en una solución. Y también el que transforma una solución en bruto en una solución refinada.

Falta ahora el proceso que transforme la solución refinada en un proceso de negocio que se establezca en nuestra organización en forma permanente, de modo que el problema no surja nuevamente, incluso si cambian las personas que lo operan.

Este proceso tiene dos partes. La primera nos lleva a delinear la estrategia y la segunda a definir las acciones concretas que harán parte del proceso de negocio.

Primer paso: Establecer el Acuerdo Sobre el Objetivo

Ya sea en equipo o uno solo, lo primero es establecer el objetivo a lograr. Normalmente es una solución de ganar-ganar con todos los componentes de refinamiento logrados en el proceso anterior.

Está claro que el objetivo es deseable y no es fácilmente alcanzable, de otro modo ya se habría logrado.

Segundo paso: Identificar los Obstáculos

Aunque parezca contra nuestra intuición, lo siguiente es identificar todos los obstáculos que nos separan de alcanzar el objetivo.

Este es un ejercicio que se puede realizar pidiendo colaboración a un grupo, dando la oportunidad de nombrar un obstáculo cada uno. Se puede pasar y le toca al siguiente. Cuando todos pasan, la lista está suficientemente completa.

Tercer paso: Deducir Objetivos Intermedios

Para cada obstáculo podemos identificar la situación que desearíamos tener y que supera el obstáculo. Cada una de estas situaciones es un Objetivo Intermedio.

Es bueno que estos objetivos los sugieran los mismos que mencionaron los obstáculos, aunque no es necesario. Lo que sí es necesario es llegar al convencimiento de que esos objetivos superan todos los obstáculos.

Cuarto paso: Construir el Mapa de Ruta

Una vez que ya están los objetivos intermedios escritos, hay que ponerlos en la secuencia correcta hasta alcanzar el objetivo original. Esto nos dará el Mapa de Ruta o la Estrategia para alcanzar el objetivo.

Quinto paso: Diseño de Acciones

Cuando están ya ordenados los objetivos intermedios en la secuencia adecuada, el siguiente paso es diseñar las acciones para alcanzarlos.

Para diseñar las acciones necesitaremos construir la lógica de porqué decimos que esa acción es suficiente para alcanzar ese objetivo. La estructura lógica tiene siempre cuatro componentes: el supuesto de necesidad, la situación apropiada, los supuestos paralelos[43] y la acción. Ver ejemplo para el diagrama.

Sexto paso: Compendio del Proceso de Negocio

Conviene escribir dos documentos, uno con el proceso diseñado y otro que contenga toda la lógica, de modo que si se requiere modificar algún paso del proceso, sea simple identificar cuál es el paso y cómo debe modificarse.

Además, en el entrenamiento a personal nuevo, explicar el proceso se hace mucho más fácil proveyendo la lógica de porqué cada paso.

Ejemplo de Estrategia y Plan de Acción

Tomaremos el ejemplo que hemos desarrollado anteriormente y ya sabemos cuáles son los componentes de la solución:

- Pedir a diario.

- Ajustar los niveles de inventario en forma dinámica,

---

[43] Estos supuestos paralelos funcionan igual a los de las ramas de efectos negativos pero no hay que confundirlos.

respondiendo a los cambios en la demanda.

- Tener un centro de distribución (para varios locales), para desacoplarse del efecto de proveedores poco confiables.

- Cuando sea aconsejable, reducir la frecuencia de despachos para reducir los costos de transporte.

El proceso para construir la estrategia es:

- Primer paso: Establecer el Acuerdo Sobre el Objetivo

- Segundo paso: Identificar los Obstáculos

- Tercer paso: Deducir Objetivos Intermedios

- Cuarto paso: Construir el Mapa de Ruta

Primer paso: Establecer el Acuerdo Sobre el Objetivo

Hemos logrado un acuerdo sobre el objetivo de tener operativa la solución después de reconocer que nos llevará a reducir agotados e inventarios en forma simultánea, y al mismo tiempo sabemos que no traerá nuevos problemas.

Sin embargo, del dicho al hecho hay mucho trecho.

Segundo paso: Identificar los Obstáculos

Hagamos la lista de obstáculos que se nos ocurren:

- No hemos decidido los inventarios iniciales en el local.

- Los proveedores demoran mucho en reponer.

- No tenemos un mecanismo para hacer pedidos diarios.

- No tenemos un mecanismo que ajuste dinámicamente los niveles de inventario.

Tercer paso: Deducir Objetivos Intermedios

Objetivo: cambiar a pedir a diario lo que se vende, teniendo un mecanismo de ajuste para el inventario, y centralizando el inventario para todos los locales.	
Obstáculos	**Objetivos Intermedios**
Los inventarios del local no son los adecuados.	Tenemos calculados los inventarios iniciales en el local, para que sean los adecuados.
Los proveedores demoran mucho en reponer.	Tenemos un inventario centralizado que permita recortar el tiempo al local.
No tenemos un mecanismo para hacer pedidos diarios.	Tenemos un mecanismo de pedido diario.
No tenemos un mecanismo que ajuste dinámicamente los niveles de inventario.	Tenemos un mecanismo de ajuste dinámico de inventario.

Nótese que si un objetivo intermedio es muy ambicioso en sí mismo, puede seguirse este mismo proceso para construirse el proceso para alcanzarlo. Un ejemplo es lograr el mecanismo de ajuste dinámico de inventarios.

Cuarto paso: Construir el Mapa de Ruta

Existe una lógica para la secuencia. No podemos activar ningún pedido diario mientras no tengamos los inventarios iniciales, o no podríamos ajustar los niveles si no se está reponiendo de acuerdo con el consumo diario.

Quinto paso: Diseño de Acciones

Para cada uno de los objetivos intermedios requerimos un supuesto necesario, una situación apropiada, los supuestos paralelos[44] y la acción la deduciremos. El objetivo intermedio es alcanzado por la acción.

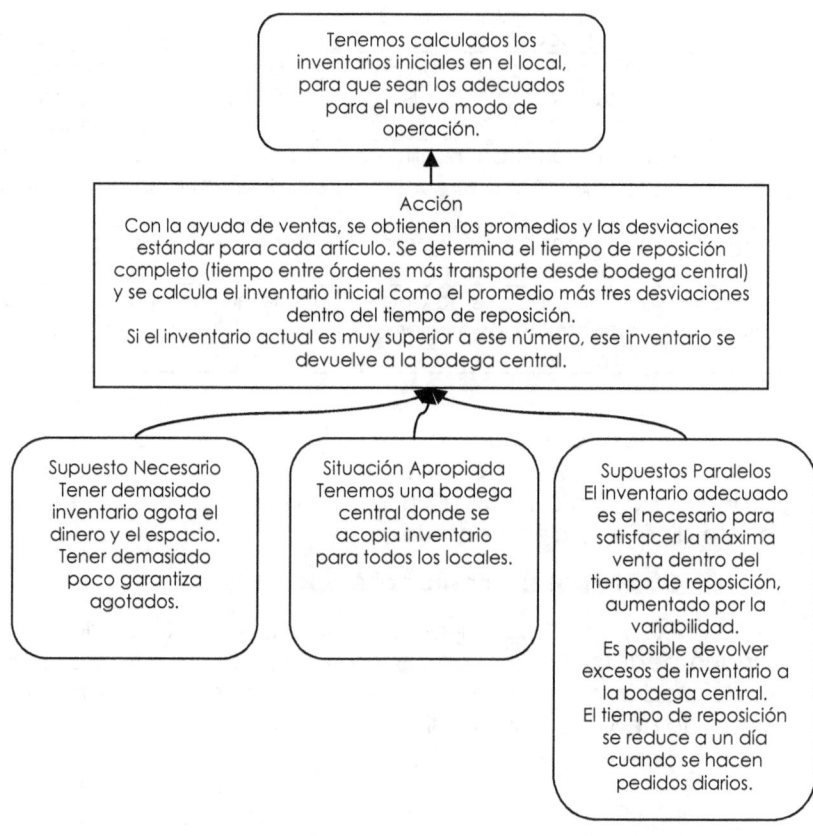

Para cada uno de los objetivos intermedios se construye la lógica y se diseñan las acciones específicas que se tomarán para lograr el objetivo.

Sexto paso: Compendio del Proceso de Negocio

En este caso, las acciones para alcanzar cada uno de los objetivos intermedios se detallaron en el capítulo de distribución.

La lógica se contiene en lo que llamamos el Árbol de

---

[44] Estos supuestos paralelos funcionan igual a los de las ramas de efectos negativos pero no hay que confundirlos.

Estrategias y Tácticas.

En este caso tiene esta estructura:

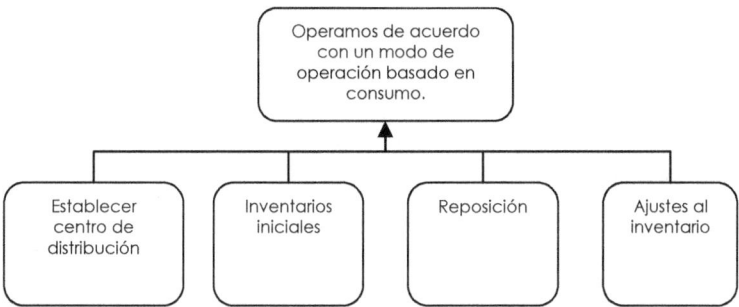

Y cada una de las entidades de este árbol tiene los cuatro elementos que hemos discutido en el diseño de las acciones. Por ejemplo, en el caso de los inventarios iniciales:

Inventarios Iniciales	
Supuesto Necesario	Tener demasiado inventario agota el dinero y el espacio. Tener demasiado poco garantiza agotados.
Estrategia	Tenemos calculados los inventarios iniciales en el local, para que sean los adecuados para el nuevo modo de operación.
Supuestos Paralelos	El inventario adecuado es el necesario para satisfacer la máxima venta dentro del tiempo de reposición, aumentado por la variabilidad. Es posible devolver excesos de inventario a la bodega central. El tiempo de reposición se reduce a un día cuando se hacen pedidos diarios.
Tácticas	Con la ayuda de ventas, se obtiene los promedios y las desviaciones estándar para cada artículo. Se determina el tiempo de reposición completo (tiempo entre órdenes más transporte desde bodega central) y se calcula el inventario inicial como el promedio más tres desviaciones dentro del tiempo de reposición. Si el inventario actual es muy superior a ese número, ese inventario se devuelve a la bodega central.

En el documento que detalla la lógica se reserva una página para entidad y conviene indexarlas con números o letras.

Se habrá notado que el Objetivo Intermedio se convirtió en Estrategia y que la Acción se convirtió en Tácticas.

La mejor manera de entender estos dos elementos es mediante la definición que Goldratt dio de cada uno de ellos:

Estrategia es la respuesta a la pregunta ¿para qué?

Táctica es la respuesta a la pregunta ¿cómo?

RESUMEN

El proceso 1, usando la Evaporación de Nubes en Conflicto, produce una solución a partir de un problema.

El proceso 2, usando las ramas lógicas, producen una solución completa a partir de la solución obtenida con el proceso 1 y con la ayuda de la capacidad que tenemos todos de criticar buenas ideas.

El proceso 3 produce un *proceso de negocio* a partir de la solución completa y la colaboración de las personas involucradas, aportando sus obstáculos y objetivos, además de su experiencia y conocimiento para aportar los supuestos paralelos que sustentan la lógica.

Los procesos de negocio así construidos sientan las bases para:

- Dejar atrás problemas crónicos, liberando tiempo al eliminar de raíz focos de "incendios" diarios.

- Uniformar el conocimiento de la empresa en un manual.

- Dar estabilidad a la operación.

- Permitir el entrenamiento de nuevas personas mucho más rápido.

- Permitir establecer evaluaciones objetivas del desempeño basadas en seguir procesos más que en los resultados. Esto último es especialmente valioso porque los resultados puede obtenerse de un proceso artesanal, pero muy dependiente del experto. En cambio, un proceso establecido y bien pensado debe dar el resultado si se ejecuta bien.

- Alinear las acciones de cada persona con el objetivo global de la empresa, alejándose de la búsqueda de óptimos locales, tan perjudicial para las organizaciones, como ya fue discutido en otro capítulo.

La Disciplina de Administración: Mi Visión

Introducción

Desde Frederick Winslow Taylor, pasando por Fayol y Drucker, hasta los últimos teóricos de la administración que proponen nuevas ideas y métodos, creo que hay mucha confusión que ha llevado a la impresión de que la administración de organizaciones es algo muy complejo. Esta es la impresión prevaleciente en la academia y en muchas empresas.

Pienso que la misma situación existía respecto de otras disciplinas antes de que personas realmente científicas encontraran las pocas causas que gobiernan la realidad. Por ejemplo, antes de Mendel, e incluso contemporáneamente con Darwin que ya intuía las leyes de herencia genética, nadie tenía claridad de cómo se heredaban las características de padres a hijos, distinguiendo genes dominantes y recesivos. Con las leyes de Mendel se hizo claro y simple el mecanismo. También es muy ilustrativo el caso de cómo se mueven los cuerpos. Hasta el siglo XVII había poca claridad y muchas teorías. Algunas más correctas que otras, pero solo cuando Newton postuló las tres leyes del movimiento, hubo un marco claro para entender el movimiento de los cuerpos. Luego hubo que desarrollar las aplicaciones, pero las leyes estaban claras.

Las Tres Leyes de la Administración

En los últimos tres años he estado pensando y discutiendo con otros qué leyes se pueden deducir de toda la evidencia que hemos acumulado en las experiencias con muchas empresas.

Para mi sorpresa, varias personas muy capaces mostraron muchas dudas cuando les expuse estas leyes. Esto me llevó a pensar más y simplificarlas. Y también me confirmó que alguna originalidad hay en esta formulación, porque nadie me objetó estar repitiendo ideas de otros.

Las leyes que propongo aquí son, a mi parecer, leyes naturales de la administración. Ignorarlas tiene consecuencias similares a ignorar la ley de gravedad: no se puede decir que sea sorpresa y casi siempre es doloroso.

Las tres leyes de la administración son:

1. Toda organización tiene como objetivo primario la creación de valor.

2. El valor creado debe compensar los esfuerzos para crearlo.

3. La capacidad de una organización para crear valor depende principalmente del grado de sincronización que la organización pueda alcanzar entre todas sus partes interesadas (stakeholders).

Si le parecen obvias, estamos de acuerdo. Le sorprenderá comprobar con qué frecuencia se violan estas leyes en las acciones diarias de las organizaciones.

Hablemos de empresas para hacerlo más simple. Por ejemplo, la acción de reducir gastos como medio para mejorar la rentabilidad viola la primera ley. La explicación es que la empresa se creó para generar dinero y no para ahorrarlo. Y que el dinero gastado en operar es porque es necesario para generar el ingreso. Cuando recortamos gasto como objetivo, es casi seguro que estamos recortando capacidad de generar ingreso, que era la primera ley.

La segunda ley se hace cargo de la preocupación por el gasto, pero subordinada a la primera. Y la tercera ley da la clave para generar más ingreso con el mismo gasto.

La tercera ley no se toma en cuenta en muchas empresas cuando producción se administra como un silo separado de ventas o de finanzas. Cuando se encuentran conflictos entre las distintas áreas de una empresa, esto es síntoma inequívoco de falta de sincronización. Es síntoma de que la empresa está desperdiciando capacidad de crear valor con el gasto y la inversión que ha comprometido en su operación.

Es así de simple.

La siguiente pregunta es ¿cómo aplicamos estas leyes a nuestra empresa?

Aplicación de las Tres Leyes

Newton formuló tres leyes muy simples para describir la interacción de los cuerpos y las fuerzas que los afectan, pero esas leyes no eran suficientes para lograr algo concreto, como diseñar mecanismos. Para eso se necesitó un cuerpo de conocimientos con sus principios y herramientas. Newton inventó el cálculo diferencial o infinitesimal.

En el caso de la administración, yo creo que el mejor cuerpo de conocimientos para aplicar estas leyes es la Teoría de Restricciones o TOC.

El cuerpo de conocimientos de TOC tiene tres capas: los principios, las herramientas y las aplicaciones. En este libro se han expuesto las tres.

Los principios son cuatro: simplicidad inherente, todo conflicto puede ser eliminado, no se debe culpar a las personas y el conocimiento es ilimitado (no decir ya sé).

Las herramientas son los procesos de pensamiento, los cinco pasos de enfoque, las capas de resistencia al cambio, las preguntas necesarias y suficientes para una nueva tecnología, y el árbol de estrategias y tácticas.

Las aplicaciones son muchas y muy variadas. En este libro se han expuesto algunas, como tambor-amortiguador-cuerda, o reposición por consumo y administración dinámica de amortiguadores. A nivel de aplicaciones es donde es más frecuente el desarrollo de modificaciones y adaptaciones dependiendo de las diversas circunstancias.

He encontrado personas que entienden TOC solo por sus aplicaciones, cuando TOC es un generador de conocimiento.

La manera de aplicar las tres leyes en una empresa desde cero es iniciar con los síntomas de falta de sincronización. Esto es lo que en TOC se llaman EFECTOS INDESEABLES O EIDES. A partir de los EIDEs, se usa la nube de conflicto y se hace todo el desarrollo posterior: encontrando el conflicto raíz y construyendo el árbol de realidad actual, buscando una idea que lo evapore, construyendo el árbol de realidad futura para entender cómo esa idea es una buena solución, usando las ramas negativas para hacer más poderosa la solución, construyendo un árbol de prerrequisitos y el de transición para implementar los cambios, y poniendo todo en un árbol de estrategias y tácticas para comunicar a todos en qué deben enfocarse.

En el día a día de las empresas, las herramientas, y en especial la nube de conflicto, son los medios que sirven para ir mejorando la sincronización al ir eliminando los conflictos que se detecten y que reducen la sincronización.

Si la idea involucra vender una innovación, se aplican las capas de resistencia al cambio y otras herramientas.

Si la idea requiere innovar a nivel de producto o tecnología, las preguntas necesarias y suficientes pueden guiar el proceso.

Siempre el conocimiento acerca de aspectos específicos es muy útil para integrarlo en el proceso. Por ejemplo, la curva de difusión de las innovaciones de Rogers (1962) es algo que da la lógica para tomar ciertas acciones en mercadeo, sin las cuales la efectividad del proceso comercial es muy inferior.

He intentado ilustrar las varias maneras de usar TOC en la administración pero esta enumeración está lejos de ser exhaustiva.

RESUMEN

La disciplina de administración de organizaciones tiene una apariencia de complejidad que proviene de no entender en qué se funda su simplicidad.

Ofrecí en este libro una formulación muy simple de las que considero las tres leyes naturales fundamentales que gobiernan a las organizaciones. Y creo que TOC es el mejor cuerpo de conocimiento disponible hoy para aplicar en forma muy simple estas leyes, logrando desempeños impresionantes en todo tipo de organizaciones.

Entendiendo estas tres leyes y la simplicidad de TOC, la disciplina de administración puede dar un salto como lo dio la física cuando Newton publicó su famosa obra en 1687.

Es al Dr. Eliyahu Goldratt a quien le atribuyo el mayor mérito en este logro tan significativo, aunque pienso que pasarán varios años antes de que así se reconozca globalmente.

Palabras finales

Este no es un libro para aprender la metodología de Teoría de Restricciones. Es más bien un despertador a los que dirigen organizaciones, desde microempresas hasta países completos, para que recuperen la sencillez de pensar con sentido común. Y sí, creo que es buena la metodología de Teoría de Restricciones para ese fin, y la recomiendo.

¿Por qué se necesita un despertador? ¿Quién es este señor para decirnos que lo complicamos todo? Repetiré el viejo adagio que dice *al que le venga el sayo, que se lo ponga*. Sólo pido honestidad con uno mismo para revisar si es que a uno lo mueven intereses mezquinos o de verdad busca la mejora personal y, por lo tanto, la mejora de su entorno. Y si está haciendo todo lo posible por progresar.

A veces me he encontrado con personas que me dicen que no todo es racionalidad y lógica. Eso es muy cierto, sin embargo eso no significa que sea mejor prescindir de la lógica en alguna circunstancia.

La mejor definición de felicidad que conozco es cuando el ser humano es saciado de sus ansias de amor y de conocimiento. Es claro que eso no es posible plenamente en nuestro paso por la Tierra, pero todos tenemos la experiencia de que el amor de nuestros seres queridos nos acerca a la felicidad, y también se siente mucha satisfacción al dominar un nuevo campo del saber. Será mayor la felicidad cuanto más ampliemos el horizonte de nuestro amor y de nuestro conocimiento. Pero nadie ama lo que no conoce, decían los filósofos griegos. Y el conocimiento se adquiere al relacionar cosas que ya sabíamos con las nuevas, en forma lógica. De poner las bases para facilitar el conocimiento se trata todo este libro. Finalmente, la virtud es una sola cosa con distintos aspectos. No se puede negar uno sin dañar a los otros.

Por eso, considero que decir que no todo es lógica es solamente una excusa para no pensar más y mejor.

Si después de leer este pequeño libro usted siente la necesidad de mejorar algo en su vida, ya sea familiar, profesional o personalmente, he logrado mi objetivo.

ANEXOS

Tomando decisiones operacionales con la contabilidad del trúput

El valor de una empresa depende de los flujos que se generen con los activos de la empresa. Y los activos generan flujos a través de sus operaciones. Por lo tanto, las decisiones operacionales determinan el valor de la empresa. Esto significa que es esencial que los gerentes sean capaces de tomar las mejores decisiones. Y las decisiones se toman con base en la experiencia y en información. Mala información puede conducir a malas decisiones.

En la actualidad, en muchas empresas se utiliza la contabilidad de costos para recoger información para la toma de decisiones operacionales. Al reconocer las falencias de los métodos tradicionales y por absorción, se desarrolló el costeo basado en actividades (ABC).

Haremos un ejemplo sencillo[45] para mostrar las dos posibilidades que existen para recoger la información operacional: una es la contabilidad de costos y la otra es la investigación operativa, también llamada programación matemática.

La operación consiste en cuatro recursos idénticos, que gastan $1.000 a la semana cada uno, produzcan o no produzcan (salarios, mantención, etc.). Estos recursos trabajan 8 horas diarias de lunes a viernes, así que su capacidad instalada es de 60x8x5 = 2400 minutos/semana. No existen tiempos de preparación, para hacerlo más sencillo.

Además, se gastan otros $ 2.000 a la semana en arriendos y otros gastos. Mantendremos sencillo el ejemplo, así que supondremos que es un gasto totalmente fijo.

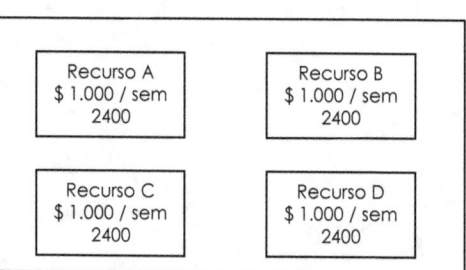

Gasto semanal:
Recursos: $ 4.000
Otros: $ 2.000
TOTAL: $ 6.000 / sem

Recurso A $ 1.000 / sem 2400	Recurso B $ 1.000 / sem 2400
Recurso C $ 1.000 / sem 2400	Recurso D $ 1.000 / sem 2400

Y esta operación, que está bajo su cuidado, produce dos productos solamente:

Productos	Precio $/Unidad	Demanda Unidades/Semana
P	$ 90	100
Q	$ 100	50

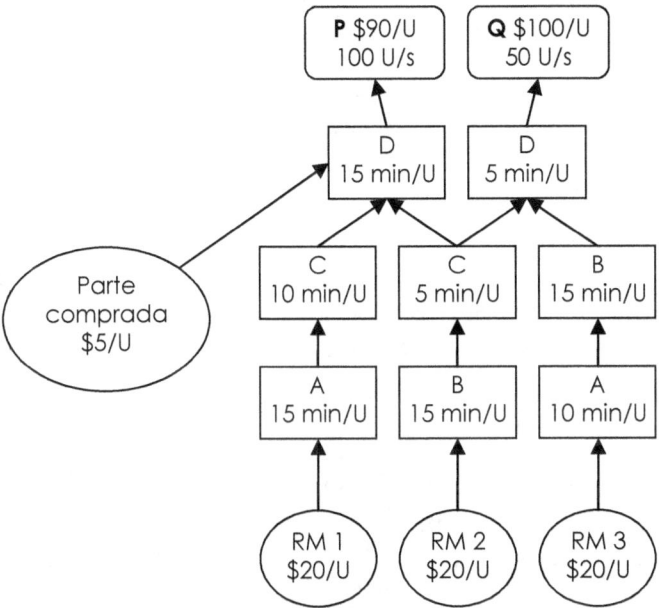

Y los produce a partir de una parte comprada y tres materias primas, de idéntico costo por unidad.

El flujo del proceso es como se muestra en la figura:

La figura se interpreta de esta forma:

Se toma una unidad de materia prima RM1 y se procesa 15 minutos en el recurso A. Después se procesa 10 minutos en el recurso C.

Paralelamente, una unidad de materia prima RM2 se procesa 15 minutos en el recurso B y 5 minutos en el recurso C.

Estas dos partes se ensamblan en el recurso D, junto con una

[45] Este es el mismo ejemplo presentado por el Dr. Goldratt en el "Síndrome del Pajar", variando un poco la composición de las cifras.

parte comprada externamente, lo que demora 15 minutos, quedando una unidad de producto terminado P.

Usted como gerente de esta operación quiere maximizar la utilidad neta y su primer cálculo es producir todo lo que el mercado quiere comprar:

Ventas semanales	100 unidades de P a $ 90	$ 9.000
	50 unidades de Q a $ 100	$ 5.000
Gasto de materia prima	100 unidades de P a $ 45	($ 4.500)
	50 unidades de Q a $ 40	($ 2.000)
Gastos fijos semanales		($ 6.000)
Utilidad neta semanal		**$ 1.500**

Si usted no planifica la producción, puede tener una sorpresa desagradable a fines de la semana.

Veamos cuántos minutos requerimos en cada recurso para poder satisfacer esta demanda:

Recursos	100 unidades de P	50 unidades de Q	Tiempo total
A	1500	500	2000
B	1500	1500	3000
C	1500	250	1750
D	1500	250	1750

Al recurso B le estamos pidiendo más de lo que puede dar. Es muy posible que se dé cuenta tarde y deje demanda insatisfecha.

Lo primero que quiero que note es que si no hubiera existido este problema de insuficiencia de capacidad, no hubiera necesitado tomar ninguna decisión operacional. Por lo tanto, cualquier esfuerzo por reunir información habría sido pérdida de tiempo. Es mejor dedicar ese tiempo a vender más, por ejemplo.

Pero la capacidad no es suficiente y no puede aumentarla, así que hay que decidir la mezcla de producto que producirá para maximizar la utilidad neta.

Intuitivamente sabemos que este problema se resuelve

encontrando el producto que aporta mayor utilidad, el más rentable. Hagamos el ejercicio de reunir la información de costos de producto primero:

	Producto P	Producto Q
Precio	$ 90	$ 100
Costo unitario de materia prima	$ 45	$ 40
Cantidad de minutos para producir una unidad	60 min	50 min

El producto Q tiene mejor precio, menor costo de materia prima, y menor esfuerzo de producción (lo que significa menos costo asignado por cualquier sistema de contabilidad de costos, incluso ABC).

Según esta información, el producto Q es el más rentable para la empresa, por lo que la mezcla sería:

P	60
Q	50

A continuación, recibe el informe de un ingeniero industrial recién contratado, al que le gustan los modelos matemáticos y le muestra lo siguiente:

La función objetivo que debemos maximizar se compone sumando la contribución de cada unidad de P vendida, de cada unidad de Q vendida, descontando los gastos fijos de la operación.

La contribución de cada unidad de P es su precio menos lo que pagamos por la materia prima y la parte comprada: $ 90 - $ 40 - $ 5 = $ 45.

Lo mismo ocurre con la contribución de Q: $ 60.

Y esta función tendría un máximo de infinito si no estuviera restringida por dos cosas: el mercado y la capacidad interna. Con esta información se ha construido el siguiente modelo:

Max: $P\,45 + Q\,60 - 6000$

Sujeto a:

$P \leq 100$
$Q \leq 50$ } Restricciones de demanda
A: $15\,P + 10\,Q \leq 2400$
B: $15\,P + 30\,Q \leq 2400$
C: $15\,P + 5\,Q \leq 2400$ } Restricciones de capacidad
D: $15\,P + 5\,Q \leq 2400$

Después de verificar que está todo correcto, se utiliza un computador y se resuelve. Este modelo es sencillo y puede hacerse con el solver del Ms-Excel.

El resultado que se obtiene es la mezcla óptima según el modelo:

P	100
Q	30

Espero que a estas alturas no desprecie los modelos de los ingenieros jóvenes sin darles una oportunidad, porque lo que está muy claro es que uno de los dos está equivocado. Claro que es mucho más sencillo el de los costos, así que esperemos que estas ecuaciones no estén tan correctas.

Revisemos el resultado de aplicar uno u otro modelo calculando la utilidad que resulta de cada una de las mezclas propuestas:

Utilidad según mezcla de costos:

Ventas	60 P x $ 90	$ 5.400
	50 Q x $ 100	$ 5.000
Materia prima	60 P x $ 45	($ 2.700)
	50 Q x $ 40	($ 2.000)
Gastos fijos		($ 6.000)
Utilidad neta semanal		**($ 300)**

Estas son malas noticias, pero todavía falta saber si con la otra mezcla se pierde más o menos dinero.

Utilidad según programación matemática:

Ventas	100 P x $ 90	$ 9.000
	30 Q x $ 100	$ 3.000
Materia prima	100 P x $ 45	($ 4.500)
	30 Q x $ 40	($ 1.200)
Gastos fijos		($ 6.000)
Utilidad neta semanal		**$ 300**

Igual, pero ¡positivo! O sea que ahora se gana dinero en vez de perderlo.

La conclusión es que si acabamos de encontrar un caso donde la información de la contabilidad de costos conduce a una pésima decisión, entonces no podemos confiar nunca más en ella.

Así que ¿ahora habría que empezar a utilizar la programación matemática en todas las operaciones? Eso sería monstruoso. Por lo menos a mí me pareció muy complicado resolver este sencillísimo problema. ¿Se imagina lo que sería si tiene decenas, centenas, miles de productos? Y ¿qué me dice de las demandas, basadas en pronósticos sin ninguna exactitud? ¿Y de los tiempos de producción, que basta un operario enfermo y todo cambia? Seguir imaginando ese escenario es una pesadilla, así que pensemos un poco más.

Utilicemos lo que ya sabemos. Si no existieran restricciones de mercado o capacidad, la utilidad sería infinita. O sea que lo que determina la utilidad máxima son las restricciones.

Miremos esto con más detención. ¿Todas las restricciones del ejemplo actuaron igual? En las de mercado, el caso de Q no restringió para nada la utilidad; se podía vender hasta 50 unidades y quedamos en 30. De hecho, si todas las de mercado hubieran actuado, eso es síntoma inequívoco de que la capacidad interna no está restringida.

¿Qué pasó con las de capacidad? Para saberlo, veamos nuevamente la tabla que construimos para saber si se podía producir todo o no:

Recursos	100 unidades de P	50 unidades de Q	Tiempo total
A	1500	500	2000
B	1500	1500	3000
C	1500	250	1750
D	1500	250	1750

Aquí vemos que nos sobra capacidad en los recursos A, C y D. Así que la restricción que limita la generación de utilidades es el recurso B.

Sabiendo que B es la restricción, debemos hacer algo para decidir la mezcla que maximiza la utilidad.

Hagamos caso de los cinco pasos del proceso de mejora continua del Dr. Goldratt. De hecho, basta con los dos primeros para encontrar la mezcla:

IDENTIFICAR la restricción del sistema

Ya sabemos que es el recurso B.

Decidir cómo EXPLOTARLA

Aquí hay que usar el sentido común. Si el recurso B nos impide ganar más dinero, un minuto perdido allí significa menos dinero. Eso significa que el tiempo dedicado a P se le quita a Q. Entonces veamos cuánto dinero genera por minuto cada uno de los productos.

Ya sabemos la contribución total bruta de cada unidad de P, $ 45. Y de la de cada unidad de Q es $ 60.

Si para cada unidad de P se requieren 15 minutos en B, entonces, cada unidad de P contribuye con $ 45/15 min. = $ 3 / min. en la restricción.

Asimismo, si por cada unidad de Q se requieren 30 minutos, y cada unidad de Q contribuye con $ 60 al total, entonces cada unidad de Q contribuye $ 2/ min.

Con este procedimiento se llega a la misma conclusión que con la programación matemática y es mucho más simple.

Lo resumiré es una tabla que usted puede construir hoy mismo en su operación, cualquiera esta sea:

Producto	Trúput unitario Tu[46]	Minutos de proceso en la restricción	Tu/minRRC[47]
P	$ 45	15	3
Q	$ 60	30	2

Entonces, la cuarta columna indica la rentabilidad real de cada producto. Hágalo y se sorprenderá.

Claro que lo anterior sirve si la restricción es siempre la misma. ¿Qué pasa si la restricción cambia al variar la mezcla de productos?

¡Pero la restricción no es siempre la misma!

Esto puede ocurrir algunas veces, cuando un recurso restricción tiene una capacidad parecida a otro, y un cambio en el

---

[46] Aquí corresponde poner el margen de contribución bruto, pero asumo que ya leyó la parte donde se define el throughput, así que se usará este término.

[47] RRC: Recurso Restringido de Capacidad.

mercado hace que la restricción cambie.

Antes de abordar este tema quiero enfatizar que la solución genérica de TOC para operaciones, conocida como Tambor-Amortiguador-Cuerda, requiere que toda la organización sepa dónde está el tambor. Y cambiar el tambor de lugar requiere un cambio cultural que consume tiempo y dinero.

Con esto en mente, piense en la función que debe optimizar ahora, incluyendo un término que resta mucho dinero cada vez que la restricción cambia de lugar. Es fácil concluir que el óptimo se obtiene con cero cambios de restricción.

Parece que es una decisión estratégica elegir donde queremos tener nuestra restricción y tomar acciones para que no cambie de lugar.

En el caso de un recurso con capacidad similar tenemos dos alternativas:

- Programar nuestra restricción como si tuviera un 10%-20% menos de capacidad, con lo que alejamos al siguiente en términos de capacidad, pero limitamos la generación de dinero.

- Invertir en aumentar la capacidad de ese recurso que a veces se convierte en restricción.

Pero nunca debemos permitir que existan restricciones interactivas, que es como se llaman dos recursos que intercambian papeles según la mezcla de producto.

Cuadro resumen del TOCBOK[48]

Teoría de Restricciones

Después de más de 25 años de Desarrollo y Evolución...

Parte 1 5 Pasos de Focalización	Parte 2 Procesos de pensamiento	Parte 3 Contabilidad del Trúput	Parte 4 Soluciones Logísticas TOC	Parte 5 Preguntas N&S sobre tecnología
• Identifique La Restricción del sistema • Decida como Explotar la Restricción • Subordine todo a las decisiones anteriores • Eleve la restricción del sistema • Si en alguno de los pasos previos se ha roto una restricción, Regrese al paso 1.	• EIDE Nube de Evaporación (NE) • Árbol de la Realidad Actual (ARA) • Nube del Conflicto Medular (NCM) • Árbol de la Realidad Futura (ARF) • Reservaciones de Ramas Negativas (RRN) • Árbol de Pre-requisitos (APR) • Árbol de la Transición (ATr) • Estrategia & Tácticas (E&T)	• Throughput (T): La velocidad con la que el sistema genera dinero a través de las ventas (PNV - CTV) • Inversión (I): El dinero atrapado en la organización • Gastos de Operación (GO): Todo el dinero que el sistema gasta para convertir el Inventario en Throughput • Utilidad Neta (UN) = T - GO • Retorno Sobre la Inversión (ROI) ROI = NP/I	• Operaciones - Tambor-Amortiguador-Cuerda • Finanzas - Contabilidad del Trúput. • Proyectos - Cadena Crítica • Logística - Resurtido Pull • Mercadeo - Ofertas de la "Mafia" • Ventas - Proceso de "Buy-in" • Gente - "Empowerment" • Estrategia - "Proceso 1+4x4"	• ¿Cuál es el poder de la Tecnología? • ¿Cuál Restricción disminuye esta? • ¿Cuáles reglas viejas ayudaban a acomodarse a la Restricción? • ¿Cuáles son las nuevas reglas que deben usarse ahora? • ¿A la luz de los cambios de las reglas, que cambios se requiere hacerle a la tecnología? • ¿Cómo causar el cambio (el nuevo modelo de negocio ganar/ganar)?

---

[48] Este cuadro es original de Alan Barnard, un experto sudafricano en TOC y past presidente del TOCICO.

Los resultados estándares de TOC[49]:

> **Reducción del 50% en el lead time.**
>
> **Mejora del 44% en el cumplimiento en fechas de entrega**
>
> **Reducción del 49% en los inventarios.**
>
> **Incremento del 63% en ventas (Trúput).**
>
> **Incremento del 40% en las utilidades netas.**

[49] Resultados publicados por Mabin & Balderstone (1999) en un estudio sobre 88 empresas que implementaron TOC.

Referencias en Internet

La mayoría de los sitios relacionados con TOC en Internet están en inglés. En este anexo se pueden encontrar recursos en español, aunque también se incluyen los sitios principales en inglés:

- http://www.goldrattconsulting.com: sitio oficial de la empresa fundada por el Dr. Goldratt.

- http://www.toc-goldratt.com: Sitio del Goldratt's Marketing Group, buen lugar para encontrar información y productos acerca de TOC (en inglés).

- http://www.tocico.org: Sitio del organismo independiente de certificación de expertos en TOC, creado en el año 2003 (en inglés).

- http://www.tocforeducation.com: Sitio principal de TOCFE (en inglés).

- http://www.TOCsolutions.cl: Sitio dedicado a la TOC para empresas en Chile.